worldskills China

技能照亮前程

第 47 届世界技能大赛奖牌背后的故事

世界技能大赛中国组委会　组织编写
中国劳动保障报社　采编

中国人力资源和社会保障出版集团
中国劳动社会保障出版社　中国人事出版社

图书在版编目（**CIP**）数据

技能照亮前程：第 47 届世界技能大赛奖牌背后的故事 / 世界技能大赛中国组委会组织编写 . -- 北京：中国劳动社会保障出版社：中国人事出版社，2025.

ISBN 978-7-5167-6912-6

Ⅰ. C975

中国国家版本馆 CIP 数据核字第 2025J7K464 号

技能照亮前程——第 47 届世界技能大赛奖牌背后的故事

JINENG ZHAOLIANG QIANCHENG

——DI 47 JIE SHIJIE JINENG DASAI JIANGPAI BEIHOU DE GUSHI

中国劳动社会保障出版社
中 国 人 事 出 版 社 出版发行

（北京市惠新东街 1 号　邮政编码：100029）

*

北京华联印刷有限公司印刷装订　　新华书店经销

787 毫米 ×1092 毫米　16 开本　15.25 印张　277 千字

2025 年 7 月第 1 版　　2025 年 7 月第 1 次印刷

定价：49.00 元

营销中心电话：400-606-6496

出版社网址：https://www.class.com.cn

前　言

世界技能大赛是最高层级的世界性职业技能赛事，被誉为“世界技能奥林匹克”。2024 年 9 月 10 日至 15 日，第 47 届世界技能大赛在法国里昂成功举办。此次大赛我国代表团共参加 59 个项目的比赛，获得 36 枚金牌、9 枚银牌、4 枚铜牌和 8 个优胜奖，位居金牌榜、奖牌榜和团体总分世界第一，再次荣膺“阿尔伯特·维达”大奖，实现了技能竞技和展示交流双丰收，为祖国和人民赢得了荣誉，为新中国成立 75 周年献礼。

为全面展现第 47 届世界技能大赛获奖选手在赛场上的风采，我们组织编写了《技能照亮前程——第 47 届世界技能大赛奖牌背后的故事》。本书讲述了获奖选手从技能入门到技能成才的励志故事，让读者跟随这些故事，了解选手们在成长过程中遇到的挫折和坎坷，感受他们的收获和喜悦。希望获奖选手的成长经历、奋斗故事能够激励广大青年关心技能、热爱技能、投身技能，努力钻研新知识、掌握新技能、创造新业绩，走技能成才、技能报国之路。

本书由世界技能大赛中国组委会组织编写，中国劳动保障报社组织记者对所有金牌获奖选手进行了采写，并组织各地人力资源和社会保障部门征集了银牌、铜牌、优胜奖获奖选手材料及获奖选手的图片。中国人力资源和社会保障出版集团有限公司负责具体设计开发工作，人力资源社会保障部职业能力建设司对编写工作给予了指导和支持。

世界技能大赛中国组委会

2024 年 12 月

目 录

CONTENTS

第一篇 金牌

第二篇　银牌

第三篇　铜牌

第四篇　优胜奖

worldskills China

第一篇 金牌

乘风远航去　平凡亦不凡

——记飞机维修项目金牌获得者　唐凡

不惧山重水复，必将柳暗花明。

从仰望航迹到维修飞机，从一线车间到世界奖台，国营芜湖机械厂职工唐凡以“择一事终一生”的执着专注，以“偏毫厘不敢安”的极致追求，成功夺得第 47 届世界技能大赛飞机维修项目金牌，迎来了人生的巅峰时刻，为我国赢得了该项目的首枚金牌。

立誓，要进国家队

小时候的唐凡，经常抬头看飞机从山头飞过，留下长长的白色“尾巴”。

长大后，他考入西安航空学院，就读飞行器制造工程专业，与飞机的距离从遥不可及变成了触手可及。

2021 年毕业后，唐凡进入国营芜湖机械厂，做机械装配工作。有一次，唐凡装配的保险松动了，带教师傅让他反复拆卸重打十几次，直到达标。“老师傅对航修事业的严谨态度，强化了我对标准、规范的认识。”

上班时，唐凡注意观察同事操作，学习借鉴，摸索出操作最优解。早起上工、到点下工，日复一日。

转折点出现在2022年3月，唐凡在工厂集训队选拔中获得第一名。之后，他与其他23名队友来到芜湖世赛训练中心，参加飞机维修项目的训练，备战第47届世界技能大赛安徽省选拔赛。

“要想参加世赛，就要在国赛中取得好名次。若想参加国赛，则需在省赛中获得好成绩。”经过一轮又一轮选拔，最终唐凡成为国营芜湖机械厂首名获得世界技能大赛参赛资格的选手。

前进，与时间赛跑

进入国家集训队后，唐凡有了新的目标——要让五星红旗高高飘扬在世赛赛场。

飞机维修项目共分为飞机机务检查、金属结构修理、复合材料修理、航电系统维护检查、发动机维护检查5个模块，其中航电系统维护检查最让他头疼。

刚开始，唐凡练习该项目的重要技能点焊接时，手抖得厉害。“有心态因素，也有技术和体力原因。”

为此，他一有时间就拿起工具训练，加强肌肉记忆。他每天早上跳绳半小时，晚上跑步一小时，增强体能。教练常常叫来一些新员工，围着他观看操作过程，磨炼他的心态。

唐凡的焊接水平快速提升，完成质量甚至超过了竞赛标准。

世赛的全英文考核，对于英语底子薄弱的唐凡来说更是全新挑战。飞机维修项目的每个模块都涉及1 000多个英语专业词汇。

一加入集训队，唐凡就“笨鸟先飞”，休息时间全忙着背单词。就连在出差路上，教练也会突然发问：“填充胶用英语怎么说？”训练的间隙，教练也会指着划痕，让他拼出英语单词。两个人还经常探讨某一届世赛的考题，互相指出对方存在的问题。

这段“疯狂英语”的学习经历，让唐凡觉得，英语不再是他的短板，他可以自信地走上赛场。

征战，站在最高领奖台上

比赛第一天的任务模块是金属结构修理，要制作一个工件。这是唐凡的拿手项目。“这个模块对选手技能基本功的要求最高，考核的技能点最多。”他的日常工作就有这些内容，在训练中更是提高了标准。比如，标准要求一个零件铆接后公差不超过0.5毫米，他能做到不超过0.2毫米。

识图、计算、折弯……一切都顺利进行。到了铆接装配环节，唐凡遇到了问题。工具是国外品牌的，他从未用过，打的铆钉始终达不到要求。当时，距离比赛结束还有半小时。

唐凡心里有点着急，但还是努力让自己冷静下来，分析其中的原因。距离比赛结束只有3分钟的时候，唐凡终于将所有铆钉经过二次加工达到了标准，顺利完成了这一项目。这一模块结束后，唐凡觉得，拿奖牌有戏。

在接下来三天的比赛中，唐凡从容不迫地完成了所有项目。在航电系统检查整改项目中，16名选手只有唐凡一人完成了该项目全部考核内容。

在9月15日晚举行的颁奖仪式上，当唐凡得知自己获得冠军的那一刻，他觉得自己所有的努力终于有了回报。

身边响起了欢呼声、掌声。回想起当时的场景，唐凡说自己听不见任何声音。他站在领奖台上，沉浸在自己的世界里，把国旗高高举起。

“走下领奖台，一切从零开始。荣誉和奖励只代表过去，真正的考验才刚刚开始。”回到工厂，唐凡走上生产一线。国营芜湖机械厂为他创立了“青春共创工作室”。“我将以工作室为载体，带动更多青年员工靠技能圆梦。”唐凡说。

（记者　季芸）

飞机维修项目团队 *

选手

唐　凡	国营芜湖机械厂职工

集训基地

江西洪都航空工业集团有限责任公司
江苏省交通技师学院
杭州技师学院
国营芜湖机械厂
云南交通技师学院
重庆城市职业学院

技术指导专家

吕恩铭（组长）	国营芜湖机械厂特级技师
徐增祥	日照市技师学院高级技师
金优辉	成都飞机工业集团有限责任公司高级技师
林永伟	天津鸿图航空科技集团有限公司高级技师

教练

周志鹏（组长）	杭州技师学院一级实习指导老师
邹丽萍	江西洪都航空工业集团有限责任公司高级工程师
谢凯培	国营芜湖机械厂技师
孔德贵	云南交通技师学院工程师
蔡　俊	江苏省交通技师学院高级讲师
况林锋	重庆城市职业学院高级技师

翻译 *

蔡希苑	南京交通技师学院教师
鲍　诚	天津市电子信息技师学院教师

* 各项目团队名单以《第 47 届世界技能大赛获奖选手和为参赛工作作出突出贡献的个人名单》为准，下同。

* 第 47 届世界技能大赛开赛前，世界技能组织对非英语参赛国家（地区）的翻译进行了随机调整，中国代表队各项目翻译发生变更。为全面反映项目团队的工作，本书以调整后、调整前的顺序，将翻译列于各项目团队名单中。

关山万千重　山高人为“峰”

——记车身修理项目金牌获得者　朱俊峰

大山带给了朱俊峰沉默的性格，也赋予了他一颗沉静执着的心。

正是这颗沉静执着的心，支撑他在六年的技能学习生涯中翻越前行路上一座又一座高山，站上第47届世界技能大赛的巅峰舞台，勇夺车身修理项目金牌。

“每条路都有一个高点，只要往那个高点去冲，你一定能站上最高领奖台。”朱俊峰说。

逐技攀峰，走出成见之山

正安县，地处贵州北部大山深处，这里有着独特的喀斯特地貌，重峦叠嶂，沟壑纵横。

而距正安县一千多公里的上海，则是另一幅迥然不同的景象。灯光炫目，高楼林立，这让初到上海的朱俊峰感到有些陌生。

2018 年，朱俊峰第一次离开生活了 16 年的正安县，告别家人，只身踏上前往上海的火车。作为上海师范大学附属杨浦现代职业学校对口支援“贵州班”的学生，朱俊峰能够免除学宿费就读汽车车身修复专业。

2019 年，朱俊峰加入学校车身修理项目集训队，希望能够在这里学好一门手艺，真真正正地证明自己。

“他做事的时候很认真，能够沉得下心。”教练丁志朋说。

凭借着天赋与认真的态度，朱俊峰加入集训队不久就被当作种子选手培养。在这里，他正式开启了长达五年的逐技攀峰之路。

匠心磨砺，攀登技能之山

多年来，上海师范大学附属杨浦现代职业学校致力于培育“会做人、精技能”、具有“大国工匠”精神的技能人才，“做人”排在“技能”之前，而对学生“工匠精神”的培养更是贯穿于教学日常的点点滴滴。

“我们校长经常讲，想做好一件事情，你要有匠心。”朱俊峰把这句话记在了心里，并在实践中揣摩理解“匠心”二字的内涵。

车身修理项目包括诊断与矫正、结构件更换、非结构件更换、面板修复、塑料件修复和装调 6 个模块。选手要通过锯割、焊接、打磨、胶粘等工序，最终让受损车辆恢复如初，达到可以重新喷漆的标准。

“看起来只是简单的 6 个模块，在具体训练的过程中还要扩散出很多需要学习的内容，大部分时间都在训练基本功。”朱俊峰说，教练团队为他量身定制了训练计划，完成每日的任务量后，基本上就到晚上 10 点钟了。

除了基本功之外，该项目还极为考验选手的体能水平。在比赛过程中，选手要扛着重达 30 千克的电阻焊机工作 1 ~ 2 个小时。“一开始练习的时候，我会满头大汗，甚至体力不支，现在扛一两个小时不在话下。”朱俊峰语气中透露出骄傲。

同样来自上海师范大学附属杨浦现代职业学校、第 44 届世界技能大赛车身修理项目冠军杨山巍曾经说过，想要达到五星标准，至少要用六星标准、七星标准去严格要求自己。

踏着前辈的步伐，在一次次的焊接、打磨中，朱俊峰坚定沉稳地向心中的标准迈进，练到最后，他仅凭空手就能摸出面板表面的细微误差，钣金修复能让车门平整，修理误差控制在 0.5 毫米内。

“专注地去做一件事情，把它做到出神入化，我觉得这个就是匠心。”朱俊峰说。

超越自我，登顶世赛之峰

出乎所有人意料的是，这次比赛时间从 22 个小时缩减至 16.5 个小时。模块不变、题量不变，但时间被足足压缩了 5.5 个小时。在有限的时间内既要追求速度，又要保证质量，这对于每一名选手来说都是极大的挑战。

在教练团队的专业指导与耐心疏导下，朱俊峰渐入佳境。比赛最后一天，在其他选手还在抢抓时间的时候，朱俊峰考虑的是如何把车身修复得更好。“比赛最后一天，我知道我能做完，只不过我想着再多花一点时间做得更好。”

时间归零，比赛结束。18 个参赛国家和地区中，在规定时间内完成的只有 3 个。朱俊峰以高超的技术水平，一举拿下车身修理项目金牌。

“满场都是中国国旗。”朱俊峰回忆起站在领奖台上所看到的风景时说。他并不是一个情绪外露的人，但那一刻的喜悦、激动与自豪难以抑制，“那一刻我感觉到我们国家真的很强大。”

走出大山后，朱俊峰遇到了一座又一座“山”。关山万重，但一颗向高处攀登的决心始终没有动摇。精研一门技术，从技术“菜鸟”到世赛冠军，他不仅靠双手改变了命运，也向世界证明，成长成才的路不止一条！

“不要受限于自己的出身，勇敢去做，能证明自己就行了。”朱俊峰说。

（记者　熊尉伶）

车身修理项目团队

选手

朱俊峰	上海师范大学附属杨浦现代职业学校实训教师

集训基地

上海杨浦新型技师学院
大连市技师学院
浙江交通技师学院
日照市技师学院
郑州交通技师学院
云南交通技师学院

技术指导专家

马波（组长）	上海师范大学附属杨浦现代职业学校高级讲师
花文兵	实耐宝商贸（上海）有限公司北京分公司培训师
杨山巍	上海汽车集团股份有限公司乘用车分公司尺寸论证工程师
徐澳门	上汽通用汽车有限公司试制车身班组长

教练

杨山巍（组长，兼）	上海汽车集团股份有限公司乘用车分公司尺寸论证工程师
丁志朋	上海师范大学附属杨浦现代职业学校教师
刘　全	大连市技师学院教师

翻译

马粤琪	广东省轻工业技师学院教师
蔡希苑	南京交通技师学院教师

汽修少年的“飞驰人生”

——记汽车技术项目金牌获得者　杨绍辉

“金牌得主是来自中国的杨绍辉！”

当听到现场主持人念出自己名字的那一刻，杨绍辉难掩内心的激动。他高举着五星红旗，小跑着冲上领奖台，兴奋地蹦了起来。在第 47 届世界技能大赛上，这位 20 岁的山东小伙，历经 4 天的鏖战，为中国代表队夺得汽车技术项目的宝贵金牌。

“所有的努力，在这一刻都得到了回报。”杨绍辉说。

以热爱为名　踏上逐梦之旅

2019 年，杨绍辉入读山东工程技师学院汽车检测与维修专业。在这里，杨绍辉意外地发现了自己的兴趣——拆东西。

“我们专业需要拆解很多零部件，我当时对于拆解物品充满了好奇，”杨绍辉说，“看到一个东西，就想要去拆一拆、看一看。”

凭借这种朴素的好奇心，杨绍辉不停地汲取汽车维修相关的专业知识，并从中获得乐趣。回忆起自己第一次排除车辆故障的场景，他仍兴奋不已。

“当时为了学会看电路图，我钻研了很久。当我根据电路图在车上排除第一个故障的时候，我特别高兴，”杨绍辉回忆道，“我又根据这个逻辑一步步排除了更多故障，当时我充满了自豪感。”

兴趣是最好的老师。掌握一门技术带来的自豪感深深地烙在杨绍辉心中。他决定沿着汽车技术这条路坚定地走下去。

2022 年，杨绍辉考入山东工程技师学院的汽车技术项目大赛班。在这里，他逐渐崭露头角。

2023 年 3 月，杨绍辉在山东省首届职业技能大赛汽车技术项目聊城市选拔赛上获得第一名。同年 5 月，他在山东省首届职业技能大赛上获得第一名。在同年 9 月举办的第二届全国技能大赛上，杨绍辉获得银牌，并入选第 47 届世界技能大赛国家集训队。

一路走来，不变的是杨绍辉对汽车技术项目的热爱。

世赛选手的训练堪称艰苦。最辛苦的是 8 月到 9 月，这段时间，杨绍辉每天要训练 14 个小时。

“早上 7 点 50 分开始考核，考核一天，晚上再总结白天考核的内容，一直到晚上 12 点。”杨绍辉说，这样的状态持续了一个月。

“每天一直做同样的事，心理上也会有疲惫感，”杨绍辉讲道，“这个时候我就会回忆自己热爱的感觉，想一想当初兴奋的心情。”

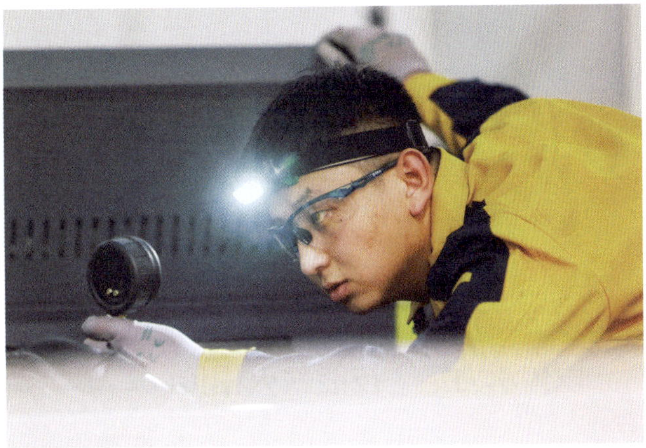

2024 年 3 月，杨绍辉在第 47 届世界技能大赛集中考核选拔活动中夺得汽车技术项目第一名，成功拿到了世赛入场券。5 年前那个初窥门径的少年，如今走上了世界的舞台。

以匠心为翼　翱翔世赛之巅

汽车技术项目，是世界技能大赛所有项目中“战线”拉得最长的项目之一。参赛选手需要在4天的比赛时间里，完成8个模块的比拼。这对每一名选手来说都是技术与意志力的双重考验。

前两天的比赛，杨绍辉进行得十分顺利。但第三天，在发动机管理模块的比赛中，杨绍辉遇到了问题。

“发动机一会儿启动，一会儿不启动。检查的时候好好的，检查完又不启动了。检查了一圈也没找到故障原因，”杨绍辉回忆道，“这种问题很影响心态，很多选手都‘挂’在了类似问题上面。”

面对突如其来的问题，杨绍辉让自己先冷静下来，“发了一会儿愣”。

“我从最基础的部分重新一步步检查，最终在控制系统上发现了问题。”杨绍辉说。

杨绍辉将自己的沉着冷静归功于赛前充分的训练与准备。他表示，在备赛训练中，专家团队会为选手模拟比赛时可能遇到的各种困难，然后用集体智慧去解决这些困难。

“在比赛之前制动模块的训练中，我有一个小弹簧装不进去。当时我们团队的专家想了各种各样的办法，最终按照我的操作习惯找到一种办法，并教会了我。”杨绍辉说。

据杨绍辉介绍，赛前模拟训练的难度要比世赛的考核标准高约1.5倍。

“比如说A模块，世赛只考6个故障，但我们平常训练就要练16个故障左右，”杨绍辉说，“在最后冲刺训练的时候，两个小时的考核我们就按一个半小时准备。”

专业的团队加上高标准的训练，让杨绍辉遇到困难时有了底气。这份底气也体现在了世赛的成绩上。最终，杨绍辉以781分的高分夺冠。这个成绩领先第二名34分，34分的分差与第二名到第十名的分差相同。

以传承为锚　技能薪火相传

在记者的采访中，杨绍辉不止一次地强调团队与教练对自己的重要性。

“没有我们团队的支持和默契协作，我是没有办法走到今天的高度的，”杨绍辉说，“我的教练们就像我人生路上的明灯，在我迷茫困惑的时候，他们总是为我指引方向，帮我坚定信心，同时带领我突破训练时的瓶颈。”

同时，杨绍辉也提到了学校对自己的帮助。他表示，正是因为学校提供了坚实的后勤保障，他才能够专注于训练和技术突破。

杨绍辉特别强调了他的班主任，参加过第43届世赛集训队的赵延鲁老师对他的影响巨大。正是赵老师为杨绍辉介绍了技能大赛这条路，并带着杨绍辉参加了当初的汽车技术项目大赛班选拔。

专家、教练、老师……杨绍辉深深感谢着他夺冠路上的“引路人”。如今，他自己也有了成为“引路人”的觉悟。

“拿到金牌后，我站在了一个新的起点上，感觉自己肩负着更大的责任和使命，”杨绍辉说，“我希望把自己在赛场上所学的知识和技能带回来，传授给更多的同学。”

杨绍辉坚信，还有无数像他一样热爱技能的年轻人，他们有着无限潜力，而他的使命，就是像他的老师一样，激励他们走向技能成才、技能报国的道路。

（记者　李奕）

汽车技术项目团队

选手

杨绍辉	山东工程技师学院学生

集训基地

重庆五一技师学院
厦门技师学院
山东工程技师学院
郑州交通技师学院
四川交通职业技术学院
新疆交通技师培训学院

技术指导专家

郭七一（组长）	重庆长安汽车股份有限公司长安学习中心教授
李　雷	重庆工业职业技术学院教授
王兆海	深圳职业技术学院副教授、高级技师
杨宪福	广州番禺职业技术学院高级工程师、高级技师
黄振营	山东工程技师学院高级技师

教练

郭景福（组长）	重庆五一技师学院高级技师
杨文浩	四川交通职业技术学院特级技师
许行宇	上海南湖职业技术学院高级技师
王　磊	郑州交通技师学院高级技师
何贤亮	广州交通技师学院高级实习指导教师、高级技师

翻译

孟　夏	深圳技师学院教师
钱兴睿	贵州交通技师学院教师

“欣”芽竞芳华　技能苗成树

——记物流与货运代理项目金牌获得者　周雨欣

历时 4 天，比拼 21 小时、角逐 7 大模块，来自上海的“00 后”学生周雨欣在第 47 届世界技能大赛赛场上乘风破浪、逆风翻盘，勇夺物流与货运代理项目金牌，实现中国队在该项目蝉联金牌。

一路夺魁　技能“苗子”茁壮成长

最开始接触物流与货运代理项目是 2018 年，周雨欣考上上海海事大学附属职业技术学校关务与外贸服务专业。她凭借流利的英语口语和敏锐的思维，在“星光计划”职业院校技能大赛中脱颖而出，荣获三等奖。这次经历不仅为她打开了通往物流与货运代理项目的技能大门，更点燃了她心中的技能梦想。

2021年，周雨欣入读上海交通职业技术学院后，掌握了更全面的专业知识，接受了更系统的技能培训。2023年，她顺利进入上海第二工业大学，在各类比赛中不断挑战自我、超越极限。每一次胜利都如同为她插上了一对更加坚实的翅膀，让她勇往直前。

“周雨欣善于思考，解题速度快，英语水平也不错，是个好苗子。比赛中，她有一股韧劲，有颗‘大心脏’，应变能力强，能应对比赛中的各种困难。”第47届世界技能大赛物流与货运代理项目中国教练组组长孙晓说。

经过精心培训，周雨欣不负众望，一路过关斩将，在上海市职业技能大赛和全国技能大赛中连连夺魁，如愿拿到世赛入场券。一块块金牌，一份份荣誉，都是她这一路走来的有力见证。为祖国夺得金牌的梦想渐渐在她心里生根发芽。

“心中有梦，脚下有路，就一定能够创造出属于自己的辉煌。”周雨欣说。

入企实训　变身“超级工作者”

第47届世界技能大赛物流与货运代理项目分为7大模块，分别是工作组织和管理、客户关系、商业运输、成本和价格、信息和通信技术、应急管理、可持续发展，其中可持续发展为新增模块。这个项目要求选手熟练掌握货运代理业务流程，并在规定的期限和压力下完成客户获取、报价计算、运输管理、费用计算、海运操作、投诉处理和索赔处理等竞赛任务。

在集训备赛的日子里，周雨欣如同一位勇敢的探险家，走进企业进行实战训练。她深入上港集团集训基地，穿梭在繁忙的码头间，观察每一艘货轮装卸过程，记录每一个细节；走进锦江航运，系统学习海运知识；进入东航物流，提升空运物流操作技能。在此过程中，她积累了大量的基础知识和实训经验，练就了坚韧不拔的意志。

过关斩将　奏响技能之巅赞歌

2024 年 9 月，周雨欣踏上了参加第 47 届世界技能大赛比拼的征途。

开局并不顺利。第一天的比赛就让包括周雨欣在内的所有选手措手不及。

“我刚拿到题目时，就觉得和以往做题思路不太一样。”面对复杂的题型和全新的考核要求，周雨欣感到迷茫和困惑，“变化，始终贯穿于整个比赛。”

第一天比赛下来，周雨欣发挥得不好，有点心灰意冷，直言拿奖牌都悬乎。

“今年的比赛，选手的设定角色都被‘升职’了，由以往的项目经理变成了高级经理人，需要从领导的角度更宏观地把控全流程，”周雨欣说，“好在第一天比赛完后，教练和专家都给了我信心，让我调整思路、摸索解题规律，后面的比赛开始顺畅起来。”

之后，周雨欣逐渐适应了比赛，从容地面对各种新变化和突发情况。在 PPT 制作展示仓库管理系统环节，比赛时长突然由 15 分钟变更为 5 分钟。面对突如其来的变化，周雨欣临危不乱，镇定自若地处理“意外”，抓住仓库管理核心要点，摒弃不必要的商务礼仪部分。中途，裁判不断制造“麻烦”，询问各种问题。周雨欣都微笑面对，流畅回答每个“刁钻”的问题，最终顺利完成展示。

“金牌得主是来自中国的周雨欣。”当颁奖典礼上主持人宣布她荣获金牌的那一刻，周雨欣坦言，自己当时都有些懵，有点难以置信，因为比赛中的一波三折只有自己最清楚。

登上世界技能之巅，对周雨欣来说不是结束，而是一个全新的人生开始。“现阶段，我想先完成上海第二工业大学的学业，之后再继续深造，攻读更高的学位，以拓宽国际视野；长远目标还是

能够在物流货运领域深耕细作，将自己在世界技能大赛中学到的知识和技能应用到实际工作中去。”谈及未来，周雨欣有着自己的打算。“第 48 届世界技能大赛在上海举办，我将回到上海集训队，担任备赛团队助手。我将把自己的经验和心得传授给年轻选手，为我国职业教育和技能人才培养贡献自己的力量。”

（记者　崔玮）

物流与货运代理项目团队

选手

周雨欣	上海第二工业大学学生

集训基地

上海国际港务（集团）股份有限公司
山东劳动技师学院
武汉工商学院
广东省城市技师学院

技术指导专家

吕秀文（组长）	上港集团教育培训中心副主任
李凤成	中远海运化工物流有限公司副总经理
陈　燕	上海锦江航运（集团）股份有限公司总经理
白家榕	东方航空物流股份有限公司市场营销部项目管理专家
杨佳骏	重庆嘉宏国际物流有限公司总经理

教练

孙　晓（组长）	上海交通职业技术学院教师、副教授
赵　坚	上港物流国际货运分公司企业培训师
张　瑾	上海城建职业学院工商管理学院副教授
张晓骏	武汉工商学院经济与商务外语学院院长、教授
黄锐琼	广东省城市技师学院物流学院副院长、高级讲师

翻译

史晓丹	山东工程技师学院教师
王立昀	上海港教育培训中心培训师

“坚持”是打开成功之门的“金钥匙”

——记砌筑项目金牌获得者　鲍芳涛

北京时间2024年9月16日，鲍芳涛获得金牌的消息从法国里昂传到国内，他所在的浙江建设技师学院再次沸腾。5年多的艰辛付出，让这个22岁的年轻人代表中国登上了第47届世界技能大赛砌筑项目最高领奖台，同时他也成为浙江建设技师学院第三位获得世界技能大赛金牌的选手。

心驻梦想　设定目标

2017年，鲍芳涛考入浙江建设技师学院装饰专业。入学后的一天，得知同一师门的校友崔兆举获得第 44 届世界技能大赛瓷砖贴面项目金牌，并看到他身披国旗站上领奖台的视频和图片，鲍芳涛心生羡慕，同时梦想迅速在心中扎根——我也一定要像他那样。随后，鲍芳涛经过院内选拔，加入了学院世赛中心砌筑项目集训队，沿着崔兆举成功的足迹，踏上了苦修之路。

进入集训队的第一天，鲍芳涛开始从砌筑项目中选砖、识图、放样、切割、砌筑、勾缝、清洁等工序着手，到垒起一堵墙，推倒；再垒起另一堵墙，再推倒……鲍芳涛每天重复着“右手拿刀、左手拿砖”，练习着“一铲灰、一块砖、一揉压”的砌筑动作。按照既要速度快，又要砖缝均匀、砂浆饱满的“铁律”，鲍芳涛每天需要 6 个小时以上的训练。晚上，他还要最少拿出 2 个小时进行绘图复盘。随着时间的延续，鲍芳涛身边不断有人放弃。他坦言说：“在情绪受到影响时，我会看一下学长拿奖牌的照片，再回忆一下当初立下的目标。咬牙坚持是唯一的选择。”

跌倒爬起　追求完美

“世赛砌筑项目的墙体精度要求高，水平垂直方向、角度测量等工序误差均不能超过 1 毫米，对墙体清洁度和艺术美观也有严格要求。”为此，鲍芳涛在日常训练中特别注重细节，并把每块砖当作打分点，力求每步操作误差接近零。经过日复一日的训练，鲍芳涛的技艺逐渐脱颖而出。2020 年和 2023 年，他两次获得浙江省技能大赛砌筑项目金牌。2020 年 12 月，他还获得第一届全国技能大赛砌筑项目第四名，被授予“全国技术能手”称号，入围第 46 届世界技能大赛砌筑项目中国集训队。

“凡是能走上国际竞技场的选手实力都很强，必须把握细节，精益求精。这是我的教练团队不断向我灌输的理念。”鲍芳涛说，把平时训练当作是和自己竞赛，力求让每个细节都融入肌肉记忆。

在距离世赛举办仅剩 5 个月左右，鲍芳涛备赛进入强化训练阶段。集训队在专家组组长雷定鸣的带领下，为他制订详细的训练计划，开展科学训练。同时，为及早适应法国当地时间，从 7 月开始，鲍芳涛及其团队的训练时间调整到下午 2 点至晚上 11 点。

沉着应战　不留遗憾

在第 47 届世界技能大赛砌筑项目比赛赛场，鲍芳涛需要在 22 个小时内完成设置的 3 个比赛模块中的 3 个图案，分别是代表着年份的“24”，里昂特产红酒和里昂的英文“Lyon”。从收到图纸开始构思，选择尺寸合适的砖块，到打上灰，将挑选好的砖块精准地放置在砂浆上，一压一敲，再到铲除边缘多余的砂浆……虽然每天比赛需要操作 6 ~ 9 个小时，但是鲍芳涛的动作始终干净利落。“最难的是‘24’图案制作，”鲍芳涛说，“数字包括一个很大的圆弧曲线，对精度要求特别高，稍有不慎便会‘翻车’。所幸，我在这方面一直进行着有针对性的训练。”

“赛场上使用的切割机与我在国内使用的不同，刀片更厚，切割速度稍慢一些。这样一来，砌筑、勾缝等过程就要加速，才能把时间追回来。”鲍芳涛坦言，比赛中遇到意外情况发生也是一种经历。

“他在赛场上的状态比训练时更好。”教练团队认为鲍芳涛获胜的主要原因就是他具有比赛型选手的特质，在赛场上有颗“大心脏”。即便与 20 多名来自不同国家的选手同台竞技，他也能专注自我，稳定发挥。

“世赛对参赛选手有年龄要求，且每个人只能参赛一次。这是我第一次也是最后一次参赛，我告诉自己要竭尽全力，不留遗憾。”

“沉着应战、顽强拼搏、奋勇争先，向世界展示中国年轻人的青春风采和工匠精神。”这是鲍芳涛出征本届世赛前立下的誓言。最终，他站上了世界技能之巅。

“未来，我会拿出全部精力专注教学。”从法国凯旋后，心境趋于平和的鲍芳涛开始梳理、总结多年的经验和收获。他希望将浙江建设技师学院的荣誉传承下去，让更多的同学站在世界技能大赛的最高领奖台上。

（包子力　赵文）

砌筑项目团队

选手

鲍芳涛	浙江建设技师学院教师

集训基地

中国建筑第五工程局高级技工学校
天津铁道职业技术学院
内蒙古交通职业技术学院
上海城建职业学院
广州市城市建设职业学校
金昌技师学院

技术指导专家

雷定鸣（组长）	中国建筑第五工程局高级技工学校正高级讲师
王建成	上海城建职业学院高级讲师

教练

雷定鸣（组长，兼）	中国建筑第五工程局高级技工学校正高级讲师
陆寿勇	安徽建工技师学院技师
伍远州	中国建筑第五工程局高级技工学校特级技师
王旭杰	金昌技师学院高级讲师
陈子烽	广州市城市建设职业学校高级技师
冯振宁	天津铁道职业技术学院讲师、技师

翻译

董彦辰	甘肃省人力资源和社会保障厅四级主任科员
罗占华	中国建筑第五工程局高级技工学校教师

逐梦展风采　不负少年时

——记电气装置项目金牌获得者　赵智俊

在第47届世界技能大赛上，来自江苏省盐城技师学院的选手赵智俊夺得电气装置项目金牌，实现我国在该项目上的“三连冠”。荣誉的背后，是这位“00后”少年多年磨一剑的执着与蜕变。

种梦：从“拆家能手”到“逐梦少年”

“我小时候比较淘气，从电子玩具到家里的钟表、电视，我都反复地拆装研究。爸妈发现我对电路知识感兴趣，也会买一些这方面的书籍、玩具给我。”谈到为何会走上技能道路，赵智俊有些腼腆地回忆起了童年的“拆家”经历，“到上初中时，我不仅对电子产品更加痴迷，还自学了计算机编程技术，自己搭建简易的网站。”

2017 年，初中毕业的赵智俊遵循兴趣爱好，考入盐城技师学院，就读于电气工程学院机电一体化技术专业。正式报到那天，校门口的一块宣传牌吸引了他的注意——“冲刺第 44 届世界技能大赛”，赵智俊感受到了学院浓厚的竞技氛围。

不久后，第 44 届世界技能大赛在阿联酋阿布扎比举行，来自盐城技师学院的选手董辉摘得电气装置项目银牌。获奖选手载誉归来的画面，深深地触动了赵智俊的心。“我也想在不久的将来，能够参加世界技能大赛，站上世界领奖台，为国争光！”一个“技能成才”的梦想，就此在赵智俊的心中生根发芽。

逐梦：披荆又斩棘，青苗初长成

梦想的种子一旦种下，便需要用汗水去浇灌、用信念去滋养。

2017 年年底，盐城技师学院从几百名新生中选拔出 35 个人组成“青苗班”，再从中筛选出 7 个人参加集训队，其中就有赵智俊。

训练期间，赵智俊的生活十分有规律。每天凌晨 5 点多起床，6 点到 7 点进行体能训练，7 点半到 8 点半学习英语，白天学习设备安装、电路设计、设备布线以及编程等知识，晚上则针对薄弱环节进行强化训练，直到深夜。课余时间，赵智俊还经常浏览国内外的电气设备网站。这样高强度的训练，赵智俊坚持了 6 年多。

这份刻苦，也让赵智俊在竞赛场上崭露锋芒——2018 年 12 月，赵智俊在学院第八届学生技能运动会上获得工业控制项目第一名；2020 年 6 月，获得第 46 届世界技能大赛江苏省选拔赛电气装置项目第二名。

在 2020 年第一届全国技能大赛江苏省选拔赛中，赵智俊以微弱差距无缘国赛，这让他很沮丧。“教练组给了我很多的安慰与鼓励。他们告诉我，我还年轻，未来的路还很长，要分析原因、稳定心态，为之后的比赛做足准备。”赵智俊说，在教练组的谆谆教导下，他重整旗鼓，继续逐梦之旅。

接下来，赵智俊参加了电气装置、电工、电子技术、编程等项目的各级各类技能比赛，先后获得了全国乡村振兴职业技能大赛江苏省选拔赛电工项目第二名、第六届江苏技能状元大赛电气装置项目第一名、第二届全国技能大赛电气装置项目金牌的好成绩。2024 年 3 月，赵智俊在中国集训队考核中排名第一，成功取得世赛入场券。

圆梦：六年磨一剑，出鞘试锋芒

世赛电气装置项目比赛时间长达 22 个小时，参赛选手需要完成电气安装与编程和故

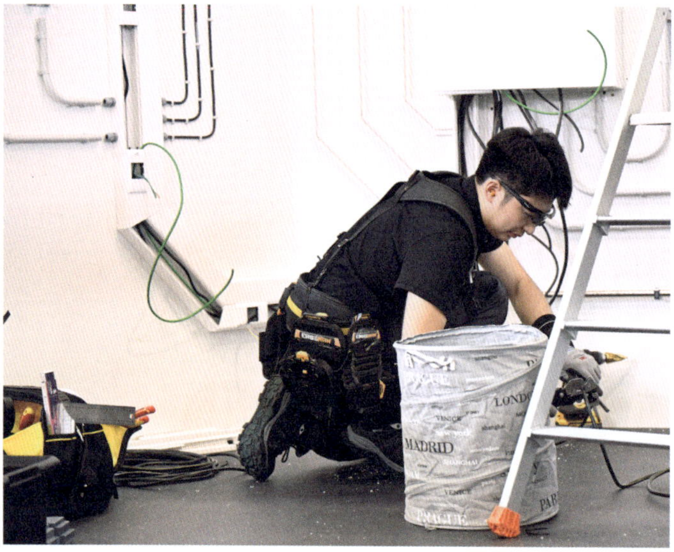

障排除模块。比赛强度大、要求高，对选手来讲，精湛的技艺、强大的现场应变能力、过硬的体能和沉稳的心理素质，缺一不可。

“比赛过程中，我遇到了不止一个难题，包括不熟悉工作环境和工具、比赛节奏改变等，”赵智俊回忆道，“尤其是赛场上没有公开设备器件的型号，导致相关的程序一时间下载不了，这个问题让很多选手犯了难。我前面的步骤完成得很快，为解决这个小问题争取到了更多时间。我依据之前参加其他赛项的技能比赛时学到的经验，不断调试设备相关的参数，顺利下载了所需的程序，完成了比赛任务。”

当得知自己获得金牌的那一刻，备赛以来的辛苦与汗水都化作了喜悦与自豪。更让赵智俊感动的是亲朋好友的祝福与支持。“当得知我获奖的那一刻，爸妈、教练、老师、朋友……无数条祝福短信涌入我的手机，我一下子觉得，有这么多人在关心和支持我，真的好幸福。”

如今，从赛场归来的赵智俊已经作为盐城技师学院的青年教师，投身于后备人才的培养工作。“我一定不负众望，努力提升技能水平、理论基础和教学水平，像我的教练毫无保留地教导我一样，把我的实战经验和技巧毫无保留地传授给下一届选手，希望后辈们继续为国争光！”赵智俊表示。

（记者　郭祎）

电气装置项目团队

选手

赵智俊	江苏省盐城技师学院学生

集训基地

江苏省盐城技师学院
北京轻工技师学院
江西省电子信息技师学院
淄博市技师学院
开封技师学院
西藏技师学院

技术指导专家

王大江（组长）	ABB（中国）有限公司教授级高级工程师
刘进峰	江苏省盐城技师学院教授级高级讲师
王希友	淄博市技师学院高级讲师

教练

李建军（组长）	江苏省盐城技师学院高级实习指导教师
夏建友	江苏省盐城技师学院高级讲师
赵昊天	北京轻工技师学院高级讲师
赖勋忠	江西省电子信息技师学院正高级讲师
史海威	开封技师学院高级实习指导教师
肖星星	江西省电子信息技师学院高级讲师

翻译

赵志彬	北京市工业技师学院教师
曾　幸	江苏省盐城技师学院教师

一锤一凿　雕琢匠心

——记精细木工项目金牌获得者　黄波林

法国里昂，随着第 47 届世界技能大赛精细木工项目比赛结束的哨声划破长空，黄波林摘下口罩，脸上绽放出灿烂的笑容。当得知自己获得金牌的那一刻，他振臂欢呼，难掩激动。他不仅为自己的世赛之旅画上了圆满的句号，更向世界宣告了坚持技能梦想的胜利。

“新星”转项

2020 年 9 月，怀揣着对室内设计的热爱，黄波林踏入了广州市轻工技师学院的大门，成为 2020 级室内设计高专 1 班的一员。不久后，他凭借出色的才能，入选学院家具制作项目的集训队，正式开启了技能竞赛的征程。

在家具制作领域，黄波林迅速崭露头角，在国家级、省级职业能力竞赛中屡获佳绩，成为众人瞩目的“新星”。

然而，面对触手可及的天花板，黄波林没有选择“躺平”，而是勇敢地寻求新的突破，他做出了一个颇为大胆的决定——从家具制作项目转到精细木工项目。

从家具制作项目转到精细木工项目，意味着需要重新开始，每一道工序都要进行反复学习和训练。但黄波林并未退缩，他有着坚实的木工基础，通过日复一日的勤学、苦练、钻研，很快掌握了新的技能和工艺。

2023 年 9 月，第二届全国技能大赛如期而至，这是黄波林首次参加精细木工世赛项目的全国性选拔赛。最终，他凭借娴熟的技能夺得了银牌，这距离他转项目不到 3 年，却已经实现了技惊四座的华丽转变。

匠途斩棘

2024 年 3 月，黄波林收到喜讯：他通过了国家队考核赛，成功入选第 47 届世界技能大赛中国国家队。“当时心情非常激动，因为努力训练了那么久，终于走上世界级的舞台。”

世界技能大赛的技术要求和规则标准更为严苛，选手要在两天 14 个小时内，完成工作组织与管理、制作工作图纸、材料准备、内部榫接、组装、尺寸、表面处理、安装 8 个竞赛模块。黄波林把这一赛程比作“游戏攻关”，需要通过一路“打怪升级”，攻克难关，积累经验，最终才能达到目标。

广州市轻工技师学院是第 44 届至第 47 届世界技能大赛精细木工项目中国集训牵头基地，为各级竞赛提供场地，为选手提供技术和后勤保障，是培育世赛选手的沃土。

黄波林认为，自己能够在学院的竞赛基地备赛是十分幸运的。“备赛冲锋的过程中有坎坷、有挫折，但我有幸得到了学院、团队、导师的帮助，自己也慢慢从挫折中走了出来。”黄波林说。

越是临近比赛，黄波林“泡”在实训基地的时间越多，他恨不得吃饭睡觉都在实训基地里，做梦都是在设计图纸、打磨木料。

从晨光初照到夜幕低垂，他在竞赛基地的实训室中一遍又一遍地反复练习，每一个动作、每一次测量、每一道工序都力求精准无误。

长时间的训练，让黄波林的双手布满厚实而坚硬的老茧，它们无声地诉说着每一次刨削的细致、每一次打磨的耐心，代表着黄波林坚韧不拔的意志和精益求精的匠心。

“我的目标是获得世赛金牌，所以我会不断地通过训练和学习去提高自身能力，尽我所能展现最高的技能水平。”黄波林说。

金牌圆梦

当黄波林踏入第 47 届世界技能大赛赛场时，一股难以言表的紧张感占据了他的心头。周围是来自世界各地的顶尖工匠，每个人的眼中都闪烁着对技艺的执着与对胜利的渴望，这种氛围让经验丰富的黄波林压力倍增。

“我的翻译老师在赛前特地带我去跟往届的金牌选手们握手，沾沾‘金牌运’，这对于缓解压力非常有用。”黄波林笑道。

“我要做的就是调整好心态，沉着冷静，赛出水平，赛出精彩。”由于在学院内有过多次国际邀请赛的交流和模拟参赛经验，黄波林很快冷静下来，开始仔细回顾自己多年的训练成果，每一个技巧、每一个细节都清晰地浮现在脑海中。随着赛程的推进，黄波林逐渐占据上风，并将优势保持到了最后。

星光不负赶路人。黄波林凭借精湛的技艺获得了评委的一致认可，圆满完成此次世赛之旅，以巨大优势赢得了第 47 届世界技能大赛精细木工项目的金牌。

历经千锤百炼，粗大的木头由平凡化为非凡；经过日夜兼程，青涩的少年从“新星”走向“大师”。黄波林，这位沉稳而坚定的选手，将自己对技能的敬畏与热爱倾注于作品中，怀揣着技能报国的信念，不断前行，以匠心和梦想浇筑天梯，登临世界精细木工项目比赛的巅峰。

未来，黄波林将继续传承技能，帮助更多有志青年站上世界技能巅峰。

（骆晓彤）

精细木工项目团队

选手

黄波林	广州市轻工技师学院教师

集训基地

广州市轻工技师学院
上海科创新型技师学院
西南民族大学
甘肃工商技师学院

技术指导专家

余继宏（组长）	东华大学服装与艺术设计学院产品设计系主任、副教授
缪晓东	南京市园林规划设计院有限公司工程师、高级技师
翟梓曦	广州市轻工技师学院高级技师
项国平	上海科创职业技术学院副院长、副教授
刘　斌	江苏农林职业技术学院风景园林学院讲师、高级技师
范庆华	甘肃工商技师学院（兰州职业技术学院）艺术设计学院院长、教授

教练

余继宏（组长，兼）	东华大学服装与艺术设计学院产品设计系主任、副教授
王海东	西南民族大学建筑学院环境设计系教师
邵茹鹏	上海科创职业技术学院教师
马元龙	黑龙江林业职业技术学院教师
关高文	广州市轻工技师学院技师

翻译

夏洁妮	杭州技师学院教师
廖　影	广州市轻工技师学院竞赛中心副主任、高级技师

漆出色彩　装饰未来

——记油漆与装饰项目金牌获得者　张小飞

一桶油漆可以画出五彩缤纷的世界，可以装点门窗、点缀墙面，可以展现个性、激发创意，这些美好的背后离不开一个思维活跃、想象力丰富、动手能力极强的人，就像张小飞。张小飞是第 47 届世界技能大赛油漆与装饰项目金牌得主，作为黄山学院平面设计专业的大二学生，他学会融合不同元素，平衡不同材质，保持匠人精益求精的态度，展现和谐图画，成长为世界技能大赛的金牌选手，他用了几百个日日夜夜。

勤加练习见成果

2020 年，张小飞从河北石家庄来到黄山学院就读视觉传达设计专业。2022 年，张小飞首次了解到全国技能大赛中的油漆与装饰项目，产生了想要试一试的想法。恰逢世界技能大赛中国集训基地专家团队与教练来到学校招募相关人才，张小飞和其他 11 名同学一起来到了训练基地。经过一年多的训练，2023 年 9 月，张小飞获得第二届全国技能大赛油漆与装饰项目冠军。2024 年 4 月，人力资源社会保障部确定世赛选手名单，张小飞作为世界技能大赛油漆与装饰项目的参赛选手，与其他 23 个国家和地区的选手同台竞技。

“我刚开始刷油漆总是会滑落，弄得墙面、地面脏兮兮的，大家都不看好我，我也对项目心存疑惑。”张小飞回忆起刚进基地时的感受。当时他刚刚接触这一项目，加之国内选手当时最好的成绩是世赛第四名，没有国际赛事前三强的获奖经验，大家都是摸着石头过河，他内心的不确定感很强。

“刚开始时，一处做不好，心里就很难受，我就会一直练习，还是练不好，就有些萎靡不振。”张小飞回忆起刚接触项目时的心态。正式入门是经过第一轮淘汰赛以后，张小飞发现这个项目要想有一定的成就，不能一蹴而就，要靠日复一日的练习。

稳定心态摘桂冠

参加第 47 届世界技能大赛，是张小飞首次登上世界舞台。参赛之前，他的心中忐忑不安，来到赛场之后，他紧张到手抖。“在国内，我的水平属于领先位置。但是到了国际赛场上，我发觉周边的选手水平、能力和我差不多，心里的压力陡增。”张小飞回忆起赛场情景时说。

凭借之前成百数千天的不间断练习积累的经验，张小飞放下内心的焦虑，专心准备比赛。

他快步往返于墙面和工作台之间，选定颜料颜色、快速调色。他嘴里叼着一支笔，裤子上还有几滴颜料，虽不拘小节但完全抵挡不住他的实力，笔接触到墙面，没错就是这个颜色，大胆下笔的同时还得关注图案坐标，每个点位误差不能超过 1 毫米，在此刻胆大心细有了真实的写照。张小飞迅速且完美地完成了网格放大模块的考核。

比赛第二天，张小飞需要完成的模块是门与门框的制作。他有条不紊，先给木门批灰，再打磨，滚底漆，再喷漆，又滚漆，还要手画装饰线，重新把门装回原来的位置。这一连串的工作包含木工、腻子工、瓦工等装修建筑中多个工种。这一模块需要选手合理分配时间、把握进度，更要求选手是一位装修全能手，任何一个地方出现短板都会影响整体的成绩。

“我每天晚上在自己脑海中模拟，从开始到结束想十几遍怎么做。第二天赛场上，我做得更快，而且更加专注。”张小飞说。

贴墙纸时，张小飞先是回顾了前一天晚上的构思，之后才上手，以往贴十条墙纸会有两三条不成功，这次上手有如神助，贴十条全都非常完美，无需复工。“贴第一条时，我就知道今天的手感对了，果然一路绿灯，非常顺利，给一天的比赛开了个好头。”回忆起贴墙纸时的状态，张小飞记忆犹新。

张小飞凭借稳定的心态和优秀的表现，通过油漆与装饰项目墙纸、门和门框、网格放大、计时涂装、自由创意、字体印刷六个模块的考验，获得该项目的金牌。这是我国在油漆与装饰项目上的首金。

技能成才结硕果

站在领奖台上，看着五星红旗在异国他乡升起，张小飞庄严地向国旗行注目礼，口中跟着唱起国歌。“那一刻我的内心激动无比，像是被一团烈火点燃，激情澎湃。”

从法国里昂归国之后，张小飞很忙，要上网课、考高级考评员证、准备去高职院校任职，面向想通过技能道路成才的青年朋友做演讲。“我希望将工匠精神分享给更多的人，让更多的人走上技能成才、技能报国之路。我会把所学所感所悟，分享给我的学弟学妹们，让他们心中也种下一颗工匠精神的种子。”

（记者　张多）

油漆与装饰项目团队

选手

张小飞	黄山学院学生

集训基地

黄山锐蓝教育科技有限公司
广东省城市技师学院
重庆科技学院
西安建筑工程技师学院

技术指导专家

刘元元（组长）	黄山学院副教授
陈华勇	广东省城市技师学院高级实习指导教师
李雨潼	宁波技师学院讲师、高级技师
李　莉	重庆科技大学副教授

教练

李　军（组长）	黄山学院教师、装饰美工技师
麦子明	广东省城市技师学院高级实习指导教师
汤艾易	宁波技师学院技师、讲师
孔祥峰	江苏城乡建设职业学院副教授
车风义	江苏城乡建设职业学院讲师
黄祖尾	西安建筑工程技师学院助理讲师

翻译

龙劲诚	广西机电技师学院教师
曾人杰	广东省城市技师学院教师

建自己的堡垒

——记抹灰与隔墙系统项目金牌获得者　熊首钰

“当大屏幕上显示金牌属于我们的时候，我冲上领奖台，攥紧拳头，用尽全力呐喊了出来。”这一喊，喊出了中国技能健儿的热血，也喊出了无数个孤军奋战的日夜里默默承受的艰辛与不易。

来自重庆南川的“00后”小伙熊首钰，摘得了法国里昂第47届世界技能大赛抹灰与隔墙系统项目的金牌。从市赛到国赛，他一路披荆斩棘，站在了国际赛场，用规范的操作、娴熟的技术、专注的态度，给教练、评委们留下了深刻印象，最终实现技能圆梦、技能报国。

虽道路曲折　但永不后撤

2018年，16岁的熊首钰辍学来到浙江温州，在建筑工地干了半年之后，他决心重返校园。2019 年 3 月，他通过重庆建筑技师学院的春招考试如愿以偿地开始了学习。

2020 年，熊首钰迎来了职业生涯中的首次挑战——第一届全国技能大赛重庆市选拔赛。他以第四名的成绩落选。“我当时怀疑自己不适合搞竞赛，但看到师兄们站在领奖台上，我心里还是羡慕极了。”

正是这股“暗暗较劲”，让他认真总结经验教训，调整心态和训练计划，想要在下一次比赛中证明自己。接下来，他将所有时间和精力都投入到训练中，从严寒到酷暑，保持每天至少 9 个小时的高强度训练。

“我的父母之前都是在建筑工地打工的，他们深知如果我现在不努力，以后的生活将会更加辛苦。”熊首钰说，一开始父母知道他要脱产训练，担心他没有时间学习专业知识、考施工证。

“但是我考下来了。”熊首钰轻松地讲，参加比赛取得了好成绩后，父母的态度也发生了转变。学校领导和教练、专家甚至直接找到他们，耐心解释，解除他们的担忧。

重庆的夏天最是难熬。晚上 10 点，酷热还没有褪去，实训室里的熊首钰仍在本子上写写画画，“我在记录今天训练中出现的问题，准备明天向教练汇报”。

一切苦都没有白吃，终于在 2023 年 3 月的第二届全国技能大赛中，熊首钰夺得了抹灰与隔墙系统项目的金牌，并成功入选国家集训队。

国赛的经历让他收获了宝贵的经验。熊首钰回忆，比赛进行到创意模块时，作品抹灰后没干，导致接下来的操作不能顺利进行。“虽然在现场感觉挺崩溃的，但我还是咬牙做完了。经历了这件事以后，我的心态稳定多了。”

遇惊险一刻，却从容不迫

新的开始，新的挑战。进入国家集训队后，熊首钰开始在 5 个基地之间走训。回忆备赛这段时间，熊首钰说：“我也遇到了自己的技术瓶颈期，感觉自己的技能就只能停留在这一段了，比如作品中的直角，总不能做到完美。但困难一直有，就看你怎么看待、怎么解决。”

正是这种“好心态”让熊首钰临危不乱，助他稳夺金牌。“世赛创意模块的作品造型是中国的大熊猫，完成它的时候还出了点‘小插曲’。”

插曲就发生在比赛当天。“现场进行灌浆的时候，浆没有流进模型里，导致熊猫造型缺了一只耳朵，时间紧迫，我立刻重新翻了一只耳朵贴上去，”熊首钰解释道，“硅胶模最上面的耳朵比较薄，在赛前运输过程中意外塌下去了，和下面一层连在一起，重新整体翻模时间不够，只能局部重做。”

“当时其他国家选手有的已经结束，就在场馆里哇哇地庆祝，组长从我这边路过的时候都已经摇头了，”熊首钰笑着学起来，“我那时没想别的，就是根据时间找到解决办法，然后专注于比赛，完成它。”

是个人成长，是未来希望

世赛闭幕式现场，领奖台上的熊首钰像只即将“振翅高飞”的鸟儿。他双手紧握国旗两端，披在身后，随着双臂有力地起伏，国旗成为他的羽翼，在闪光灯下尽情地展示着“中国红”。

技能之梦，变为现实。熊首钰现任重庆建筑技师学院实训指导教师，他说：“项目使用的材料和工艺都在随着时间的推移而变化，还有很多需要去学习反思的地方，未来我就想把学到的技术和经验传授给我后面的选手，让他们完成自己的技能之梦，同时回报这个培养我的地方。”

（记者　侯艺林）

抹灰与隔墙系统项目团队

选手

熊首钰	重庆建筑高级技工学校（重庆建筑技师学院）职工

集训基地

浙江建设技师学院
烟台城乡建设学校
中国建筑第五工程局高级技工学校
西安建筑工程技师学院
重庆建筑高级技工学校（重庆建筑技师学院）

技术指导专家

张守生（组长）	烟台城乡建设学校高级技师
张国胜	河南建筑职业技术学院副教授
袁　林	西安建筑工程技师学院高级技师
徐　震	浙江建设技师学院高级实习指导教师、高级技师

教练

张守生（组长，兼）	烟台城乡建设学校高级技师
高宇宙	浙江建设技师学院高级技师
赵　一	烟台城乡建设学校工程师
陈　烨	中国建筑第五工程局高级技工学校高级讲师、高级工程师
王传才	重庆建筑高级技工学校（重庆建筑技师学院）高级技师
吴显涛	广州市城市建设职业学校技师
梁　晗	西安建筑工程技师学院技师

翻译

沈媛媛	浙江建设技师学院教师
颜心澄	宁波技师学院教师

“这块金牌是为祖国拿的”

——记管道与制暖项目金牌获得者　孙伟龙

当地时间 2024 年 9 月 15 日晚，法国里昂，主持人高喊“China”的声音不断在第 47 届世界技能大赛闭幕式现场回响。

作为本届大赛管道与制暖项目的金牌获得者，中国选手孙伟龙身披鲜艳的五星红旗登上领奖台，赢得世界瞩目。这枚金牌意义非凡——实现了我国在该项目上金牌“零”的突破。为了这一刻，孙伟龙已经准备了 5 年。“感觉就像做梦一样，不敢相信自己真的做到了。”

这位来自山东工业技师学院的“00 后”小伙，用实际行动证明了靠技能也能改变命运。他的故事，是一个关于成长、挑战和超越的故事，是对技能成才、技能报国的生动诠释。

勇攀技能高峰的挑战者

“其实去之前我想的就是必须要拿到这块金牌，这块金牌是为祖国拿的。”孙伟龙坚

定地说。

“比赛时间是22个小时，历时4天，参赛选手要按照图纸施工，一个人在规定时间内完成一系列复杂操作，题量非常大。”孙伟龙说，比赛对选手的体力和耐力要求都很高。

万事开头难。比赛第一天，由于紧张，孙伟龙出现了一些小失误，好在前期的训练发挥了作用——他在极短时间内调整好状态，高效地完成了后面的比赛。最终，孙伟龙凭借“快、精、细”的卓越表现，从来自26个国家和地区的选手中脱颖而出，成功登顶世界技能之巅，用一枚金牌打破了欧洲国家对管道与制暖项目的垄断。

鲜花与掌声的背后是常人难以忍受的艰辛付出。在数年如一日的训练中，孙伟龙每天早上6点多就要起床，经常半夜才回宿舍，没有假期和周末，日复一日与冰冷的器械为伴。长期高强度的训练让这位年仅21岁的小伙手上和膝盖上布满老茧。“指纹都磨没了，我甚至用不了手机的指纹识别功能。”谈到曾经的艰辛，孙伟龙口气轻松。

技能改变命运的逆袭者

孙伟龙出生在山东省潍坊昌邑市的一个普通农民家庭，从小就活泼好动，动手能力强，喜欢“拆东西”。

初中毕业前，因为学习成绩不够理想，孙伟龙对未来充满迷茫，同时开始认真思考自己的人生。经过慎重考虑，他决定另辟蹊径——学习技能。“有手艺就能在家门口找一份工作。”

2018年9月，孙伟龙来到山东工业技师学院，就读于机电一体化专业。入学后，他学习十分努力，积极参加各种活动，表现优异。2019年10月，抱着试试看的心态，他报名参加了管道与制暖项目校集训队。此时的他并未意识到，自己的命运将会因技能而改变。

“看到前辈们在训练比赛，我备受鼓舞，在心里想我也要成为那样的人。”孙伟龙说。

在教练朱彬眼里，孙伟龙是一棵“好苗子”。“这个比赛项目对身体素质要求很高，

伟龙身高 1.8 米，身材健硕，具有先天优势，而且他在学校表现也很好。”朱彬说，孙伟龙的出现让他眼前一亮。

孙伟龙通过层层选拔，成为该项目梯队的预备选手。

2023 年 6 月，孙伟龙在第一届山东省职业技能大赛中获得金牌，2023 年 9 月，他在第二届全国技能大赛中获得银牌，2024 年 3 月，他在上海赛区参加了由人力资源社会保障部组织的国家队选拔，并获得“5 进 1”选拔赛第一名……在进行“魔鬼训练”的同时，他参加了国内多项比赛，一路过关斩将，直到拿到前往法国里昂的入场券。

为者常成，行者常至。最终在 2024 年 9 月，凭借着精湛的技艺和过硬的本领，孙伟龙拿到我国在管道与制暖项目上的首枚世赛金牌，带着梦想和荣耀登上了世赛的最高领奖台。

孙伟龙靠技能实现了人生的逆袭。

技艺和经验的传承者

如今，从里昂凯旋的孙伟龙已经回到山东工业技师学院，成为同学们眼中的“明星”，“走在学校里经常有不认识的同学跟我打招呼”。

但是，对于孙伟龙来说，这次世赛之旅，不仅是一次技能的比拼和展示，更是一次人生的历练和成长。

“独木不成林，单丝不成线。”回顾自己的技能成才之路，孙伟龙心怀感恩：“国家对技能人才非常重视，学院为我组建了优秀的教练团队，提供了很好的后勤保障，市里提供了经费支持，教练是我的引路人，家人永远是我最坚强的后盾……”

当被问到对其他技能青年有何建议时，孙伟龙说：“第一，要坚定信念，相信技能的力量，不要轻视自己所选择的路；第二，要保持热爱与好奇心，不断学习和创新；第三，要勤奋努力，刻苦训练，技能提升没有捷径可走。”

技能成就出彩人生。这是技能人才的黄金时代，越来越多的有志青年选择走技能成才、技能报国之路，像孙伟龙这样的传奇，还将不断涌现。

（记者　徐德金　通讯员　刘保玉　王兆国）

管道与制暖项目团队

选手

孙伟龙	山东工业技师学院学生

集训基地

安吉技师学院
中铁十三局技师学院
江苏省盐城技师学院
山东工业技师学院
重庆五一技师学院
陕西建设技师学院

技术指导专家

李本勇（组长）	中国建筑第八工程局有限公司教授级高级工程师
叶　铜	安吉技师学院教师
严开淋	重庆五一技师学院高级技师
朱　彬	山东工业技师学院教研室主任
郑新浪	江苏省盐城技师学院竞赛处主任

教练

叶　铜（组长，兼）	安吉技师学院教师
李文杰	重庆五一技师学院高级技师
杨应政	安吉技师学院教务科科长
路财财	陕西建设技师学院教师
吴景涵	上海市建筑工程学校教师
于万成	中铁十三局技师学院教师

翻译

何晓旋	楚雄技师学院教师

不负青春　逐梦技能

——记制冷与空调项目金牌获得者　阮康

法国里昂，当地时间 2024 年 9 月 15 日，第 47 届世界技能大赛圆满落幕，阮康一举夺得制冷与空调项目金牌。这是中国在世界技能大赛制冷与空调项目上夺得的首金。

从携梦出征到载誉而归，短短几天比赛的背后，是阮康 6 年来日复一日的钻研和积累，是持续 8 个月的刻苦集训，是赛场上 16 个小时惊心动魄的角逐……

与技能结缘：六年磨一剑　践行技能成才

2017 年，年仅 15 岁的阮康进入广州市工贸技师学院，成为制冷与空调专业的一名新生。“学校的制冷专业很强，一方面是家人的建议，另一方面自己也对制冷有一定的兴趣，”阮康当时的目标很简单，“就是想把技能学好，希望将来踏入社会能有一份好的工作”。

入学一年后，阮康经过选拔进入精英班。除了常规课程外，精英班的学员还要在晚上参加一些课余培训，培训内容更偏向操作实践，对竞赛而言更具有针对性。

2020 年，作为精英班坚持到最后的两名学员之一，阮康代表学校参加了第 46 届世界技能大赛广州市选拔赛。在代表学校参赛之后，阮康的目标变得更清晰明确——“在竞赛上拿到一个好的成绩”。带着这一目标，阮康认真备战，全身心地投入到每一场比赛，在第 46 届世界

技能大赛广州市选拔赛、广东省选拔赛和第一届全国技能大赛上，都获得了制冷与空调项目的第一名。随后，他以第一届全国技能大赛第一名的身份进入世界技能大赛国家集训队，并在第一轮内部考核中获得前三名的成绩。“就在这时候，第46届世界技能大赛宣布取消，改为了特别赛，中国代表团只参加了34个项目，制冷与空调项目不在其中”。这让他深感遗憾。

2024年1月，根据世赛的选拔规则，阮康直接进入第47届世界技能大赛国家集训队，和他一起集训的，还有第二届全国技能大赛制冷与空调项目的前5名选手。

进入国家集训队后，阮康开始了长达8个月的训练。“基本上每天早晨6点半起床洗漱，晚上9点结束，也有练到凌晨三四点的时候。”阮康每天都会对自己的训练进行总结，有针对性地查漏补缺，不断调整训练计划。经过层层考核，他以第一名的成绩，被确定为第47届世界技能大赛制冷与空调项目的参赛选手。

用技能证明：一朝试锋芒　矢志技能报国

第47届世界技能大赛，制冷与空调项目共有24个国家或地区参赛，比赛累计16个小时，分4天进行，包括制冷系统安装和调试、空调系统电气故障查找、组件制造和钎焊、空调系统制冷故障查找和维修4个模块。与往届相比，这次比赛在规则、流程以及技术要求上都有较大变化，题目的封闭程度也有所提升。“本次新增了神秘模块，在模块开始的当天才拿到图纸和材料，对于选手来说，需要很强的适应能力和应变能力。”教练组组长冼星文说。

“法国提倡绿色办赛，我们的场地和工位都缩减了一半，进行的是轮班制比赛。”阮康告诉记者，这种交替工位的比赛模式，在时间安排和工具共用上都对选手有一定的挑战，要求选手每次进入工位前都需要重新检查上一位选手使用过的工具，并根据情况进行调整。

比赛进入第4天，阮康迎来了最难的一关——模块D“空调系统制冷故障查找和维修”。这一模块要求选手在1.5小时内完成故障查找、故障修复、压力测试、真空测试、电气测试、开机调试等多道工序。选手分 4 个批次进行比赛，阮康被分到了第一批次。由于故障点没有清晰说明，导致第一批次的选手们花费了大量时间寻找故障。“找故障的时候花的时间比较多，时间非常紧迫，幸好当时临危不乱，把问题处理好就按照计划往下进行，在离比赛结束还有 3 分钟的时候完成了整个模块”。他在赛后了解到，同组的选手中，只有他一人完成了这一模块。最终，阮康凭借更高的完成度，总成绩位列第一，拿下了第 47 届世界技能大赛制冷与空调项目的金牌。

回到学校之后，阮康作为世界技能大赛的金牌选手，投身到了下一届学员的训练指导中。他的目标再一次发生了变化：“接下来，我将和团队一起，向第 48 届在上海举办的世界技能大赛进发，希望我们的项目能蝉联下一块金牌！”

“我们生逢盛世，这是一个技能的时代，也是一个尊重技能人才的时代。希望我们能不负时代，不负自己的青春，通过我们的努力实现技能强国之梦。”步履不停，阮康的技能逐梦之路仍在继续……

（记者 王俊英 通讯员 方常亮 萧素琴）

制冷与空调项目团队

选手

阮　康	广州市工贸技师学院教师

集训基地

广州市工贸技师学院
北京电子信息技师学院
青岛海洋技师学院
广西二轻技师学院
重庆市轻工业技工学校

技术指导专家

李　川（组长）	广州市工贸技师学院高级实习指导教师、高级技师
冼星文	广州市工贸技师学院高级讲师
叶翠安	广东交通职业技术学院正高级实验师、高级工程师
柯　军	约克广州空调冷冻设备有限公司一线培训学校培训专员及样机制造主管、高级工程师
周　敏	北京电子信息技师学院正高级讲师

教练

冼星文（组长，兼）	广州市工贸技师学院高级讲师
徐立山	青岛海洋技师学院教务处副主任、正高级实习指导教师
李　祥	新疆生产建设兵团兴新职业技术学院高级技师
李红专	广西二轻技师学院机电工程系主任、高级讲师
邓银伟	重庆市轻工业学校电子与信息系副主任、高级讲师
杨梓浩	贵州机电职业技术学院技师

翻译

马　丽	湖北东风汽车技师学院教师
林小越	广州市工贸技师学院教师

“雕”微毫之差 “续”五冠之路

——记数控铣项目金牌获得者 龙伟杰

从训练车间到世赛赛场，他用技术刻写传奇。

从初出茅庐到世界冠军，他用实力延续辉煌。

在金属与火花交织间，他是最耀眼的“工匠”。他就是第47届世界技能大赛数控铣项目金牌获得者龙伟杰。

“雕”微毫：“一路全是坎坷，但信念让我涅槃”

“数控铣的对战，胜负只在毫厘之间。赛场上，选手要按照图纸进行编程加工，最终生产出形状、位置和尺寸合规的零件，允许误差更是以微米为单位计量的。像考核作品的精度为0.02毫米，为了保证零件精准度，我在教练指导下通常会将尺寸误差范围控制在正负2微米以内。”龙伟杰说。

回忆起7年来的训练、比赛之路，除了刻在心底的项目标准之外，还有一路的坎坷

与坚持让龙伟杰既感慨又感激。“这一路虽然坎坷不断，但是好在我坚持下来了，信念让我一次次涅槃，最终站上了世赛的赛场。”龙伟杰感慨道。

2018年，龙伟杰来到广东省机械技师学院参加第八届全国数控大赛广东省选拔赛。还是新人的他成绩并不理想，但当时广东省机械技师学院浓厚的技术氛围和丰富的金牌选手事迹感染了他。自此，龙伟杰明确了技能成才的目标。2020年，他报读了这所学校，开启了他的技能发展之路。

学习技能之初，由于基础薄弱，龙伟杰在数控铣项目的梯队选拔中，因成绩不理想惨遭淘汰。但当时的他只有一个想法：“既然学了，就把它学好，坚持下去。”正是在这种信念的支撑下，他过五关斩六将，一次次参加省级赛获奖进阶，积累技术实力。进入国家集训队后，经历11轮考核的他终于在2024年3月底，以第一名的成绩拿到了世赛数控铣项目正选选手资格。

但到了世赛现场，龙伟杰又面临时间分配难题。“由于没有适应好规则，我对各个模块零件的加工时间分配不合理，到模块二、模块三时我疯狂赶时间，当时唯一的想法就是一定不能出现失误，要保证零件安全落地，好在最后一切顺利。”龙伟杰回忆道。

“续”五冠：“重压之下，五连冠的渴望战胜了一切”

作为站在冠军们肩膀上成长起来的选手，龙伟杰经历了无数个日夜的技能训练与考核磨砺。他坦言，整个过程是非常艰辛且痛苦的，数控铣项目历届的好成绩既让他充满干劲，又给他带来了巨大的压力。

“有很长一段时间我的状态调整不过来，教练和专家组都努力想办法调动我，但是面对五连冠的压力，我想得太多导致心理负担过重。最终，我沉淀下来，是对五连冠的渴望战胜了一切。”龙伟杰说。

带着夺冠的必胜决心，在经过外出比赛、技术交流、与专家组的探讨以及自我消化后，龙伟杰终于摆脱了心理负担，提振士气，迎难而上。他一步步丢掉了思想包袱，只专注于技能训练，以攻克数控铣项目难题为目标，致力于在训练中填补自己在各个模块上的技术弱点。最终，凭借高超的技术和稳定的心态，龙伟杰在里昂一展中国技能青年的风采。

当比赛结束铃声响起的那一刻，稳定发挥的龙伟杰与场外专家对视一笑。“当时只觉得终于完成了，不出意外的话，有夺金的机会。”龙伟杰说。

直到看到自己的名字出现在大屏幕上，龙伟杰愣了一秒钟才走上领奖台。“当时心理状态一下就稳定了，第一反应是终于圆满完成任务了！没有辜负教练和专家的期望，为中国队拿下了数控铣项目的金牌，实现了‘五连冠’。”龙伟杰自豪地说。

站在里昂的最高领奖台上，龙伟杰手捧金牌，他深知这枚金牌不仅是对自己技能的肯定，更是对学院、对教练组、对国家队专家们辛勤付出的最好回报。

“技”传承：“夺冠后，转变身份接过技能报国的接力棒”

在走向世界技能大赛赛场的每一场比赛中，龙伟杰都秉持夺冠的必胜信念，不断调整，争取以最佳的状态迎战。他虽经历过低谷，但都能凭借“精准至微”的技术和“稳中求胜”的心态，跨越一道道坎坷，最终在世界技能大赛赛场上奏响了胜利的凯歌。“五连冠”的荣耀，是他用精湛技术与心态磨砺续写的辉煌篇章，也是他技能成才与技能报国的开始。

回国后，龙伟杰选择继续留在广东省机械技师学院任教，推动技能传承，践行技能报国。“是学院给了我磨炼技能的机会，是国家打开了我技能成才的通道。夺冠后我会转变身份接过技能报国的接力棒，从选手到教练是我人生下一阶段的开始，像是又回到了起点，但这次是技能和责任升华后的新起点，我将带着竞赛的经验，和学院一起推动世赛成果转化，让想学技术的人有机会、有平台，推动扩大技能成才的认可度，传承技能报国志向。”龙伟杰坚定地说。

数控铣“五连冠”的辉煌不仅是技能传承的生动缩影，更是青年技能人才追求卓越、勇攀高峰的鲜明写照。像龙伟杰一样的金牌选手们技能成才、技能报国的故事将激励更多的年轻人勇往直前，为制造业发展和技能强国贡献自己的力量！

（记者　路欣冉）

数控铣项目团队

选手

龙伟杰	广东省机械技师学院学生

集训基地

北京市工业技师学院
无锡工业高级技工学校
中国空空导弹研究院
广东省机械技师学院
成都市技师学院
甘肃有色金属技师学院

技术指导专家

鲁宏勋（组长）	中国空空导弹研究院高级技师
何　跃	北京市工业技师学院正高级实习指导教师
涂　勇	河南职业技术学院副教授
孙　立	德马吉森精机中国培训学院总监
林金盛	广东省机械技师学院高级实习指导教师

教练

杨登辉（组长）	广东省机械技师学院高级技师
邱洪辉	无锡机电高等职业技术学校高级技师
吴敏军	杭州萧山技师学院高级技师
林春泷	中国空空导弹研究院高级技师

翻译

段宜宏	云南技师学院（云南工贸职业技术学院）教师
赵志彬	北京市工业技师学院教师

千磨万击还坚劲　任尔东西南北风

——记建筑金属构造项目金牌获得者　周烽

当鲜花与掌声渐渐远去，第47届世界技能大赛建筑金属构造项目金牌得主、慈溪技师学院学生周烽又恢复了平静而规律的学习生活。

在接踵而来的荣誉与嘉奖面前，周烽始终表现得很淡然，稚嫩腼腆的脸上透露出一种超乎年纪的成熟。或许正是这样的心态，让他得以突破种种限制，在高手如云的世界竞技舞台上摘得桂冠，实现中国在该项目上金牌“零”的突破。

找准赛道　后进先行

2004年8月，周烽出生于浙江省慈溪市周巷镇建五村。2019年，周烽考虑到自己数学和物理成绩比较好，便选择就读慈溪技师学院的数控加工专业6年制技师班。

入学后不久，周烽就表现出了对这个专业的热情，担任机械制图的课代表、参加零件测绘兴趣小组，学习理论知识和实践操作都是劲头十足。

2020年暑假，班主任推荐周烽加入学校的建筑金属构造集训队，成为竞赛团队的种子选手。从此，周烽开始了长达4年没有寒暑假的集训时光。

进入校集训队后，周烽遇到的困难比他预想的多得多。比如，操作手工电弧焊时，如何防止板料变形、如何保证焊接接头的质量；学习火焰切割时，周烽的手抖动得非常厉害，切直线、切圆都不尽如人意……

为此，教练团队为周烽制订了详细的基础技能训练计划，增加了尺寸精确控制和工艺逻辑两项针对性的专项技术训练。同时，周烽深入学习机械原理、材料力学等基础知识，不断补齐理论短板。

一鸣惊人 势如破竹

2023 年 6 月，周烽在第二届浙江技能大赛中拔得头筹，同年 9 月，又在第二届全国技能大赛中获得冠军。2024 年 3 月，周烽又在中国集训队考核中排名第一，正式获得世赛参赛资格。这些成绩让周烽坚定了技能报国的初心，立志要为国争光。

本届世赛采取“盲题”方式，选手在赛前对题目一无所知，这对周烽来说是一个巨大考验。

“我们给他增加了‘盲考’训练，教练组成员不断研究创新试题，给他设置各种意外状况，并要求他使用英文版绘图软件画图，让他在比世赛标准更严格的模拟环境下进行高强度训练。”教练陈波说。

世赛开始前一个多月，组委会仍在不断地下发工量具调整通知，将轻便的有线角磨机换成更加笨重的无线版、不能使用高精度的数显游标卡尺……每一次细微的变化，整个团队都要调整备赛方案，采购新的工具并让周烽熟练掌握使用方法。

慈溪技师学院是国内世界技能大赛建筑金属构造项目六大集训基地之一，作为一所县级技工院校，其经费、设备、资源都较为有限，但学校也尽力为周烽提供最大的支持。

“世赛所要求的工具中，进口林肯牌焊机、激光切割机，学校都没有能力配备。为此，我们安排周烽分别前往北京和新疆等地的集训基地进行训练，”慈溪技师学院校长钟立群表示，“我们还让他参加澳大利亚全球技能挑战赛，邀请世赛该项目五连冠的韩国队来学校进行技术交流。”

临危不乱　世赛摘金

本届世赛的考题是制作一个由底座、机架、电机壳、扇叶组 4 个模块组成的风力发电机。选手需分 4 天完成任务，每天制作不同的部件，裁判会对当天完成的部件进行评分。

比赛第一天结束，周烽就出了错：把底座的几条焊缝焊反了。“当时裁判已经评完了分，我想反正已成定局，最多扣 1 ~ 2 分，完成后面的比赛更重要。”面对开局不利的状况，周烽心态很稳。第二天、第三天，周烽都顺利地完成了模块任务。

然而，第四天，在距离比赛结束仅剩下 2 个小时的时候，裁判长过来通知所有选手，风机机壳的抬高配合孔要扩大 0.1 毫米，临时增加技术难度。

这时，周烽已经完成了电机壳的焊接、调试，而其他选手还没开始组装。这意味着周烽要拆掉电机壳，扩孔、重新组装，优势突然变成了劣势。

“当时，我心里咯噔一下，大概考虑了 5 分钟，告诉自己一定能行。”周烽回忆道。之后，他开始有条不紊地拆装电机壳，扩大孔的直径，重新组装、调试高度，直到比赛结束前 15 分钟，终于顺利让工件呈现出最佳状态。

“拿到金牌，在领奖台上舞动国旗的那一刻，我知道这是整个团队的胜利，心中满是为国家赢得荣誉的自豪。”周烽说。

世赛之后，周烽受邀在全市各校开展以“学一技之长，立一生之本”为主题的技能宣讲。接下来，他将总结提炼本次参赛经验，与教练团队一起开展世赛成果转化，为梯队选手征战世赛“铺路搭桥”。

“有这么多领导、老师的关心、支持和帮助，才有了我技能报国的基础和舞台。今后，我会把所学所能传递给更多的人，让大家有不同的发展渠道，让技能成才的理想照进现实。”周烽说。

（记者　袁梦洁）

建筑金属构造项目团队

选手

周　烽	慈溪技师学院学生

集训基地

中冶建筑研究总院有限公司
慈溪技师学院
山东工程技师学院
郑州商业技师学院
中国十九冶集团有限公司
新疆安装技工学校

技术指导专家

马德志（组长）	中冶建筑研究总院有限公司教授级高级工程师
秦荣健	山东工程技师学院现代制造系正高级实习指导教师
陈　波	慈溪技师学院教务处副主任、二级教师
王　振	新疆安装技工学校校长助理、高级讲师

教练

卞　涛（组长）	攀枝花技师学院教师
王金伟	山东工程技师学院现代制造系教师
殷受平	攀枝花技师学院教师、助理工程师
徐铭競	郑州商业技师学院机械制造系教师
郑江华	华星钢构股份有限公司技术员
韦　鹏	慈溪技师学院教师

翻译

钱兴睿	贵州交通技师学院教师
史晓丹	山东工程技师学院教师

七年磨一剑　巅峰赛技能

——记电子技术项目金牌获得者　曹博

驰而不息，慢而有恒。从中专生到编制教师，从技能新手到世界冠军，在 2 000 多天的训练时光中，曹博始终秉承初心，屏蔽偏见，一心磨炼技能，终于摘得世界技能大赛电子技术项目金牌。

“找准赛道，将自己擅长的事情做到极致，每个人都能发出自己的光芒。”曹博说。

理性择校　选定技能之路

2002 年，曹博出生于湖北武汉。2017 年，曹博的中考分数超过了普通高中的录取分数线，但他选择不走寻常路。

“当时想着如果不能读重点高中，还不如学一门手艺。加上我对电子产品很感兴趣，

理科成绩也还不错，就选择了这所学校的王牌专业。”2017 年 9 月，曹博入读武汉市仪表电子学校“3+2”电子信息与技术专业，开始了技能成才之旅。

2019 年 5 月，曹博参加了武汉市中等职业学校技能大赛。初上赛场，难免有些紧张。由于参赛经验不足，比赛即将结束时，曹博因操作失误导致传感器损坏，极大地影响了比赛状态和作品水准，最后仅收获电子产品安装与调试项目三等奖。同年 12 月，曹博又向省赛发起冲击，由于比赛策略失误，在第一道难题上花费了远超预期的时间，仅获得三等奖。

2020 年 12 月，在第一届全国技能大赛上，曹博获得电子技术项目优胜奖。尽管从市赛、省赛到国赛，一步步走来，曹博的技能不断提升，眼界不断拓宽，比赛经验日渐丰富，但他深知自己与国内顶尖技能选手还有很大差距，在比赛规则熟悉度、技术技能全面性、赛场应变能力等方面都有待提升。

“我了解到第 45 届世界技能大赛电子技术项目金牌得主梁攀的故事后，才知道原来还有更高的舞台。”从此，曹博的世赛梦想生根发芽，他下定决心一定要登顶世界技能之巅。

沉淀技能　坚持世赛梦想

不求近功，不安小就。从武汉市仪表电子学校毕业后，曹博升入武汉船舶职业技术学院，开始了为期两年的高职学习生活。其间，他一直打磨实操技能，学习前沿技术知识，补齐电路及编程理论短板，向着世赛目标进发。

2022 年夏天，曹博高职毕业后，返回母校武汉市仪表电子学校任教。他一边沉淀技能，一边指导学生参加各级职业技能竞赛，取得了不错的成绩。

身兼日常教学和竞赛辅导任务的曹博，一直没有忘记心中的世赛梦想。2023 年 9 月，凭借过去打下的扎实功底，在沉浸式备赛了一个半月后，曹博成功夺得第二届全国技能大赛金牌，顺利入选国家集训队。

集训期间，曹博每日训练时间超过 10 个小时，白天练技能，晚上进行复盘总结。终于，2024 年 3 月，曹博在国家集训队考核中排名第一，顺利拿到世赛入场券。

世界技能大赛电子技术项目分为电路设计、PCB 设计、嵌入式系统编程、故障检测与维修、电路板安装与调试等。选手需要在 17 个小时内，运用电子元器件设计制造电路或编制程序代码，完成一系列复杂任务，解决问题。

每一届世赛都会推出新规则、新标准，以确保比赛的公平性。“本届世赛电子技术项目的技术规则也进行了修改。比如更换了仿真电路设计所使用的软件，焊接、制版等工艺的技术细节也有所变化，部分任务从客观评分改为主观评分，这对选手的细节把控能力和工艺水平提出了更高的要求。”曹博说。为此，教练团队为曹博制订了专项训练计划，使他能熟练掌握新软件、新技术，不断提升其细节处理能力。

反转夺金　闪耀技能之巅

尽管做好了万全准备，世赛场上还是意外迭出。

在比赛第一天上午的电路设计模块，由于没找到英文手册中的关键电路公式，曹博没能完成压控振荡器的设计任务。“既然已经无力改变，我就告诉自己一定要保持冷静，不能影响后面的比赛。”曹博回忆道。

下午的 PCB 设计模块，曹博发现题目中的电路原理图存在一些问题，大量元件摆放和走线未对齐栅格导致连接错误，需要选手自己辨别并进行修复，耽误了较多时间，而此模块恰恰对完成时间的要求较高。

在世界级赛场上，面对激烈的竞争，身经百战的曹博，已练就了从容应对意外的“脱敏能力”。在接下来的比赛中，他稳扎稳打，顺利完成了比赛，总分第一，成功摘得电子技术项目金牌，实现了我国在电子技术项目上的“三连冠”。

作为选手，曹博不忘初心、苦练技能；作为教师，他严于律己、传技授艺，完美演绎了双重角色。“接下来，我想通过技能大师工作室的形式，将我的技能和比赛经验传授给更多学生，帮助他们实现技能梦想，站上技能巅峰。”曹博说。

（记者　袁梦洁）

电子技术项目团队

选手

曹　博	武汉市仪表电子学校职工

集训基地

广东省技师学院
北京电子信息技师学院
涿州市技师学院
江苏省扬州技师学院
重庆铁路运输技师学院

技术指导专家

黄　鑫（组长）	广州市华风高级技工学校高级技师
谢志平	广东省技师学院正高级实习指导教师
张书源	天津职业技术师范大学讲师、高级技师
邵　瑛	上海电子信息职业技术学院副教授、高级工程师
林煜生	广州铁路职业技术学院高级讲师

教练

谢志平（组长，兼）	广东省技师学院正高级实习指导教师
梁　攀	重庆铁路运输技师学院正高级实习指导教师
曾伟业	广东省职业训练院教师
成　冲	南京工业职业技术大学高级实习指导教师
毛光荣	北京电子信息技师学院高级讲师
刘泽龙	广东省技师学院教师

翻译

武亚坤	广州市机电技师学院教师、中级翻译
毕永利	广东省技师学院教师

工匠精神闪耀赛场　青春延续报国志向

——记制造团队挑战赛项目金牌获得者　卢言琳　詹贤达　马佳佳

在技能的世界里，他们是工匠精神的积极弘扬者；

在技术的征程中，他们是技能成才的生动诠释者；

在激烈的赛场上，他们是技能报国的坚定践行者。

第 47 届世界技能大赛制造团队挑战赛项目的金牌得主们，无论是卢言琳的精准焊接，还是詹贤达的精湛铣削，抑或是马佳佳的精密组装，都闪耀着从“青年技能人才”向“大国工匠”迈进的青春风采。

左起：卢言琳、马佳佳、詹贤达

一枚金牌的技术启蒙：汲取榜样力量，矢志技能成才

“杨登辉，数控铣项目金牌！张志斌，塑料模具工程项目金牌！”2017 年，年仅 17 岁的詹贤达在广东省机械技师学院的组织下观看了第 44 届世赛的直播。“看到师兄们夺

冠，看到他们代表国家站在最高领奖台，我产生了技能成才的渴望。”制造团队挑战赛项目金牌选手、国家最佳选手奖获得者詹贤达回忆道。

马佳佳也在入学之初就在心中种下了技能成才的种子。“当师兄们比完世赛，卓越的技术和夺金的荣誉点燃了我，成为我追逐的偶像，激励我像他们一样走技能成才之路。”制造团队挑战赛项目金牌选手、国家最佳选手奖获得者马佳佳自豪地说。

2017—2018 年，卢言琳、詹贤达、马佳佳三位选手先后进入广东省机械技师学院的竞赛班就读。对于制图、电路和焊接有着不同兴趣点的三位选手，在各自的专业中发光发热，截然不同的人生轨迹在与世赛结缘时产生交汇，三位选手以各自项目第一的绝对优势踏上了走向制造团队挑战赛项目领奖台的长久竞技之路。

“中职毕业后，带着母亲的鼓励和对技术的向往，我背着一麻袋硬币的学费，来到学院报名入学。”从山东临沂到广东省机械技师学院再到世赛赛场，卢言琳用了 6 年多的时间。

“由于缺乏经验，我一度面临被分流到其他项目甚至被淘汰的境况，好在我在数控领域把握住了机会，测量、计算、手绘、编程……以快速和高精度为制图标准，经历上千次的磨炼后，终于与我的队友们一起进入国家队。我们有夺冠的共识，希望用技能为中国制造增光添彩。”制造团队挑战赛项目金牌选手卢言琳说。

在教练眼中，卢言琳是一位非常稳重、细致的选手，像是团队中的“定海神针”一样，有他在，团队遇到突发情况总能稳住心态，“化险为夷”。“我们教练团队常常讨论，他们三个人非常有‘缘分’，卢言琳稳重，詹贤达临场应变能力强，马佳佳是难得一见的在电路上能力极佳的选手，三个人无论是技能还是性格，都非常互补。”第 47 届世界技能大赛制造团队项目教练感慨地说。

时间的齿轮不停地转动，三位选手在广东省机械技师学院的技能摇篮中不断成长，带着技能报国的远大志向，从校园踏上了国际大赛的征途，在第 47 届世界技能大赛的赛场上，梦想扬帆启航。

一项技能的千锤百炼：“默契”引领协作，精益求精夺金

制造团队挑战赛项目到底是什么？“此次我们的题目是在 21 小时内完成电动三轮车的制作，满足多项规格及性能规范。”三位选手接连解释道，这一项目涉及机械设计、电子技术、车工、铣工、焊接等 9 个工种，均为汽车生产、模具制造等领域急需的制造技能。

在广东省机械技师学院的训练车间里，记者看到了 200 多把刀具、50 多套量具和 30 多套工具，这都是选手在日常训练中会使用到的。“训练需要在每一道程序中精准选择工

具，快速、精确地加工、测量，力求每一个环节都无误差。”詹贤达说。

“加工、测量、再加工”的训练也是卢言琳在车间的常态。他时常做出 20 多个不同尺寸的工件，手工测量后筛选出最精确的工件进行科学测量，让三坐标测量机检测自己的制作精度，再修正不精准的工件。

除刻苦的训练外，作为世界技能大赛中唯一的三人团队项目，制造团队挑战赛项目在模拟真实生产环境的条件下，有着严格的时间、产品规格和性能规范要求。这不仅考验个人技能，更考验团队成员之间的默契与协作程度。

在备战世赛的集训期间，三位选手每天坚持 15 个小时的高强度训练，不断发挥自己的专业技能，在无数次的训练和比赛磨合中逐渐熟悉、适应。从争执到理解，从陌生到默契，他们成为彼此最坚实的依靠。

“从团队组建至赛事备战有一年半的时间，我们历经了产品制作流程的精细编排、各模块技术的深度钻研、性格差异的融合以及高效沟通的磨合。在无数次的训练与教练团队的精心指导下，我们不断雕琢细节，直至达到一种默契无间的境界——一个眼神、一个动作，彼此间便能心领神会，精准捕捉对方的意图与需求。”詹贤达分享道。

卢言琳对此感触颇深。“没事，再来一次就好了。”这是他常用来激励与安抚队友的话语，也是自我调节的“法宝”。

“我们赛前两天测试设备时发现缺失很多必备的工具，只能紧急启动备选方案，但是我无条件信任队友，因为我们在各自的领域都足够出色，是值得信赖的伙伴。”马佳佳说。

正是有了这种信任与默契，在第 47 届世赛中，三位选手不惧干扰，稳定发挥，表现出了高超的技术水平。“在其余参赛队产品均重 30 千克以上的情况下，我们的产品以 13.5 千克的最轻重量、10.5 小时的最短制作时间、最低的成本和最稳定的性能碾压全场，选手们已经发挥得足够好了。”教练说。

在登上领奖台的那一刻，三位选手终于露出了如释重负的微笑，他们身披国旗，感到无上荣光。

左起：卢言琳、詹贤达、马佳佳

左起：詹贤达、卢言琳、马佳佳

“终于可以放松了，有种不负众望的感觉，为自己，更是为了国家。”马佳佳激动地回忆道。

“这条路终于被自己走通了。好像多年的梦，终于梦想成真了。”詹贤达松了一口气说。

“宣布夺冠的那一刻真的浑身起鸡皮疙瘩，虽然有小小的插曲，但还是得偿所愿，6年多的努力终于有了成果。”卢言琳感慨道。

一页人生新篇章的抉择：转化世赛成果，践行技能报国

世赛夺冠回校后，卢言琳、詹贤达和马佳佳并没有停下前进的脚步。他们深知，技能不仅可以改变个人的命运，更可以为国家和社会的发展贡献力量。因此，他们选择留校，转换身份开启了人生的教学新篇章。

“我怕浪费青春，所以全力以赴地做自己热爱的事情。未来我会将自己的技术和经验倾囊相授，用榜样的力量激励后来者，让更多的人能更加坚定地走上技能成才、技能报国的道路。”卢言琳说。

对此，广东省机械技师学院党委书记叶军峰表示，学院将继续推动世赛成果转化，以“金牌引领，产教融合”的人才培养模式，为社会培养和输送高技能人才。“我们让世赛金牌选手走出校门，到各地讲好技能成才、技能报国的故事，努力让更多的年轻人看到走技能成才之路一样可以实现人生价值，让更多的社会大众认识到我们技术工人在国家发展中的重要作用。”叶军峰说。

技能之路，道阻且长，技能报国，青春无悔。卢言琳、詹贤达、马佳佳三位选手的故事，是中国技能人才成长报国的鲜活写照。在未来的日子里，将有无数像他们一样的青年技能人才，继续以技能为翼，以梦想为帆，为技能强国建设贡献自己的力量。

（记者　路欣冉）

制造团队挑战赛项目团队

选手

卢言琳	广东省机械技师学院职工
詹贤达	广东省机械技师学院职工
马佳佳	广东省机械技师学院职工

集训基地

中国空空导弹研究院
天津市职业技能公共实训中心
江苏省常州技师学院
广东省机械技师学院
楚雄技师学院
吉林职业技师学院

技术指导专家

周春雷（组长）	中国空空导弹研究院高级工程师
孙红伟	中国航空无线电电子研究所高级工程师
邵志永	中国空空导弹研究院高级技师

教练

孙红伟（组长，兼）	中国航空无线电电子研究所高级工程师
周春然	江苏省常州技师学院高级技师
钟世雄	广东省机械技师学院高级技师
蔡昌勇	成都航空职业技术学院副教授
黄孟虎	中航西安飞机工业集团股份有限公司高级技师
王雨舟	天津市劳动保障技师学院高级实习指导教师
张彦青	楚雄技师学院高级技师
乐旺锋	上海电子信息职业技术学院高级技师

翻译

彭　兴	重庆五一技师学院教师
王爱玲	山东化工技师学院教师

从零搭建“乐高王国”

——记 CAD 机械设计项目金牌获得者　黄育森

玩具店里各式各样的拼装玩具、乐高城内各种逼真的积木，吸引着无数大人和小孩驻足，也同样吸引着老粉丝黄育森。2024 年 4 月 2 日，人力资源社会保障部公布了第 47 届世界技能大赛 68 名中国参赛选手名单，其中之一便是 CAD 机械设计项目选手黄育森。

法国里昂，当地时间 2024 年 9 月 15 日，身披国旗，胸前挂着金牌的黄育森站上最高领奖台，台下的闪光灯此起彼伏。这是自 2010 年我国首次参加 CAD 机械设计项目以来，在该项目拿到的首金。这是黄育森的光辉时刻，同时也是中国队的光辉时刻。

赛路艰难　奋勇拼搏

6 年前的夏天，初中刚毕业的黄育森还处于迷茫之际，中考成绩不理想的他在朋友介绍下进入了广州市工贸技师学院。那时的黄育森还不知道一扇技能之门已悄然为他打开。

开学初，学校 CAD 机械设计项目精英班面向制造系专业招生时，黄育森积极报名参加并顺利进入精英班。

进入精英班后，黄育森学习基础知识和专业知识，学习软件工具的使用，完成各种类型的绘图练习，逐渐熟悉软件的使用流程，不断提高速度和准确性。

除此之外，精英班的淘汰、晋级机制也在激励黄育森不断前行，考核不合格则回到原班级，不断晋级则可进入“核心梯队”。

在自己的努力、目标的召唤和周围环境的影响下，黄育森的水平不断提升，技能之路越走越稳，先后获得广东省第二届职业技能大赛CAD机械设计项目金牌、第二届全国技能大赛CAD机械设计项目金牌，直至登顶世界技能大赛巅峰，获得第47届世界技能大赛CAD机械设计项目金牌。

难题越难　越要攀登

世赛中的CAD机械设计项目是指使用计算机辅助设计技术对零件、产品进行建模、制图、方案设计和建档等工作的竞赛项目。

这些内容对于刚进入精英班的黄育森来说，一切都是如此陌生，但他相信能够通过学习，从零开始建立自己的“乐高世界”，将兴趣转变为学习的目标和动力。

回首夺冠之路，黄育森直言，每一步都走得不容易。大家都只看到了冠军领奖台上自豪的身影，却难以看到他在训练基地中的努力。

“这次比赛最大的难题是比赛前2个月，组委会才通知在原有软件的基础上，加入新软件”。世界技能大赛每个模块都有严格的计分标准，CAD机械设计比赛的4个模块中，新软件涉及3个模块，如果不了解、未使用，考试过程中会被多次扣分。

“即便是用了6年，对旧软件也谈不上精通，只能说是比较熟悉。得知比赛使用的软件发生变化后，赛前几个月我对新软件开展突击学习、摸索。”教练和黄育森抓紧时间一起研究，用旧软件做过的试题使用新软件来进行模拟测试，尽量熟悉软件。在测试的过程中，一套题一般会花费一整天的时间，也可能要花费两天的时间才能完全做完。终于在不断测试下，黄育森速度提升至每天做两套试题。

行稳坚定　越行越远

2024 年的比赛限时 22 个小时，较往届比赛，时间不变，但题量增加了不少，对选手的操作速度、应变能力提出了更高的要求。

压力越大，越考验选手的心理素质。黄育森喝了口水，做了几次深呼吸，稳定住情绪后，继续计算、调整模型。比赛终于来到最后一天，3D 模型已经从电脑屏幕里走到黄育森的桌子上，黄育森左手抓住模型，右手拿着卡尺，一点一点测量尺寸，检查与设计图是否一致。“我知道我的对手们有的选择放弃一部分，但我还是想尽量挑战自己，能做多少做多少。最后我的总分最高，拿到冠军，也验证了我的坚持没有错。”黄育森说。

这次比赛也让黄育森认识到这个项目虽然是个人竞赛，但是背后离不开团队的支持和协作，合作和互助能够让每个人都变得更加出色。黄育森也已经准备好做那个团队里默默支持的人。“我现在慢慢适应从选手转换至教练的身份变化，带领基地的学生训练、学习。”黄育森希望自己能够运用专业积累，将自己的知识以及比赛经验传递下去，培养出更多优秀的选手，为国争光。

正如黄育森自己所言，要延续学校的传统，师兄点燃师弟心中的火苗，师弟再给自己的师弟心中种下种子，薪火不断，赓续相传。

（记者　张多）

CAD 机械设计项目团队

选手

黄育森	广州市工贸技师学院教师

集训基地

广州市工贸技师学院
晋城技师学院
江苏省苏州技师学院
杭州萧山技师学院
龙岩技师学院
成都飞机工业（集团）有限责任公司

技术指导专家

杨伟群（组长）	北京航空航天大学工程训练中心副教授
赵勤德	广州市工贸技师学院高级实习指导教师
林泽生	广州市工贸技师学院高级讲师
温广云	深圳市泓安机电设备有限公司技术总监

教练

温广云（组长，兼）	深圳市泓安机电设备有限公司技术总监
梁海利	邢台技师学院正高级讲师
韩瑞生	杭州萧山技师学院讲师
郑旭升	江苏省苏州技师学院教师
林武全	先临三维科技股份有限公司工程师
林静辉	芜湖职业技术学院高级技师
郎晋鹏	晋城技师学院一级实习指导教师

翻译

董其才	广州市职业技术教育研究院中级翻译、教研员
曾慧姮	广州市工贸技师学院教师

匠心研技图“自立” 载誉而归路“朝阳”

——记机电一体化项目金牌获得者 罗自立 潘朝阳

说起能获奖的最大原因，罗自立、潘朝阳不约而同地谈到了“坚持”。在学习技能的这段光阴里，正是“坚持”，让他们最终走上了第 47 届世界技能大赛机电一体化项目的冠军领奖台。

“只要坚持下去就会看到曙光。”在追逐梦想的道路上，他们用“坚持”诠释着技能成才、技能报国的生动内涵。

左起：罗自立、潘朝阳

前路漫漫 唯有坚持

“我要加入集训队，更好地学习技术！”罗自立仍清楚地记得，他说完这句话后，全班同学都笑了。

“他们可能觉得我在开玩笑，只是说一说罢了。”这个插曲并没有打消罗自立的念头，他用6年的刻苦钻研证明了这并不是玩笑话，“不要在乎别人怎么看自己，做好自己的事。”

左起：潘朝阳、罗自立

2016年中考失利后，罗自立卖过书、卖过麻辣烫，抱着“还是要掌握一门技术”的想法，他进入北京市工业技师学院机电设备安装与维修专业学习，并找到了兴趣所在。为了进一步精进技术，罗自立在入学第二年通过选拔加入了学校机电一体化项目集训队。

潘朝阳比罗自立早一年入学，听从父亲的建议选择了北京市工业技师学院学习电气自动化设备安装与维修专业。入学后，他有过一段时间的迷茫期，但在看到前辈们通过技能成长成才后，他找到了自己的方向，选择加入机电一体化校队。“有了一个向上的目标和奔头。”潘朝阳说。

“机电一体化项目是比较综合性的赛项，需要选手学习机械设计、制造技术、电子电路、自动控制等知识。”教练韩方旭介绍，团队为选手制订了周密且高强度的训练计划。

“早上7点，晚上10点，每天都是两点一线，很少有娱乐活动，如果像无头苍蝇一样一直往前冲是坚持不下来的。”潘朝阳始终把向上的目标作为驱动力量，在训练过程中常常会遇到新问题，有时连教练和专家都不是特别明白，他就自己查阅文献、资料，啃下新题、难题。“遇见问题，解决问题，慢慢积累经验，最后变成自己的东西。”

技能学习之路既苦且艰，潘朝阳和罗自立身边同行的人越来越少。2019年，这两条“平行线”交汇，他们成为彼此的“战友”，一搭档就是5年。

“坚持，是他们身上最宝贵的品质。”韩方旭说。

一朝梦圆　闪耀赛场

作为六届世赛的国家集训基地，北京市工业技师学院始终坚持世赛引领，不断提升技能竞赛工作水平，并将世赛标准融入日常教学工作中，这为潘朝阳、罗自立的拼搏之路奠定了坚实基础。最终，他们以第一名的优异成绩成为第47届世界技能大赛机电一体化项目正选选手，代表中国出征法国里昂。

潘朝阳负责编程，罗自立负责机械安装，这很考验双方的默契度。“他们是相辅相成的关系。”韩方旭说，在平时训练中教练团队会注重培养他们的团队意识。

“我们目标是一样的，心里都想把这个东西做好。”罗自立说。

从最初的摩擦争吵到后期的默契配合，世赛场上他们拿出了最好的搭档状态。

此次比赛，他们需要在 4 天 22 个小时内完成一条可乐灌装机仿真生产线的制作，每天任务环环相扣，需要双方默契配合。“这次比赛至少是往届的两倍难度。不但机械结构密集程度比以往更高，还增加了很多智能设备。”韩方旭说，这非常考验选手的应变能力。

潘朝阳介绍，因为紧张，比赛第一天就出现了一个简单的失误，到第二天心态才稳定下来，没想到第三天又出现了新的状况。“有个要求是要让设备把可乐盖子推出来，但盖子头重脚轻，工件推出的时候把盖子推反了，这个地方卡住导致后面都没有分。”

“悲伤过度就成快乐了，”罗自立笑着回忆道，两个人互相鼓励打气，放下心中包袱，“尽全力调整到我们最好的状态。”有些队伍到第四天就泄气了，潘朝阳和罗自立按照团队连夜研究的三套应对方案，迅速调整状态，顶住压力坚持到最后。

是金牌！

直到宣布成绩的那一刻，他们才如释重负。“比赛的时候觉得心脏有颗陨石在上面，等拿到金牌的时候，心脏有种弹飞的感觉。”罗自立回想起夺金时刻仍难掩兴奋。

左起：罗自立、潘朝阳

多年辛勤汗水，凝成荣誉勋章。少年志向，终于闪耀赛场。

身披国旗，登上最高领奖台，潘朝阳、罗自立觉得这么多年的努力没有白费。

“非常自豪。作为中国人，在世界的舞台上代表国家拿到金牌，这也是对我们国家技能水平的一种认可。”潘朝阳说。

载誉而归　攀登不止

伴随着金牌而来的是鲜花、簇拥、盛誉。在北京市工业技师学院的宣传栏上、教学楼前、实训室内，在每一个显眼之处，都能看见他们凯旋的消息。在学校机电一体化实训基地，记者见到了两位选手，作为学校世赛机电一体化项目初级教练，他们正在指导新一届的学生们训练。

“我们会把我们实践出来的比赛经验、吃过的亏、踩过的坑，传授给未来的同学们，更重要的是为他们筑牢一种精神支柱，”罗自立对未来满怀期待，“希望自己可以成为一名优秀的老师。”

以青春之我，传青春之梦，筑青春之未来。光环与荣耀之外，这或许是世界技能大赛给我们带来的更加宝贵的财富。

（记者　熊尉伶）

机电一体化项目团队

选手

罗自立	北京市工业技师学院职工
潘朝阳	北京市工业技师学院职工

集训基地

天津职业技术师范大学附属高级技术学校
北京市工业技师学院
涿州市技师学院
安徽芜湖技师学院
广州市机电技师学院
西宁城市职业技术学院

技术指导专家

李全利（组长）	天津职业技术师范大学教授
高海华	西门子工厂自动化工程有限公司高级技师
张宋文	广东省岭南工商第一技师学院高级实习指导教师
钟　平	天津职业技术师范大学高级工程师

教练

钟　平（组长，兼）	天津职业技术师范大学高级工程师
伍思洪	广州市机电技师学院正高级实习指导教师
徐　伟	天津职业技术师范大学附属高级技术学校高级实习指导教师
韩方旭	北京市工业技师学院高级实习指导教师
池昭宏	海南省技师学院讲师、高级技师
武若天	北京市工业技师学院高级工程师
孟庆龙	江苏省徐州技师学院高级实习指导教师

翻译

朱满华	上海建设管理职业技术学院讲师
韩　燕	海南省技师学院教师

逆风翻盘　为祖国实现金牌“三连冠”

——记自主移动机器人项目金牌获得者　方灿豪　蒋家俊

历经 7 年的不懈奋斗，他们做到了！

当地时间 2024 年 9 月 15 日，第 47 届世界技能大赛在法国里昂圆满落幕。来自广州市工贸技师学院的方灿豪与广州市机电技师学院的蒋家俊齐心协力、奋勇拼搏，最终拿下自主移动机器人项目金牌，实现中国在该项目上的“三连冠”。

从初出茅庐的技能小匠到国赛冠军，再到世赛舞台上勇夺桂冠，回看一路艰辛，方灿豪和蒋家俊感慨良多。“我终于站在世赛的舞台上，为祖国争得了荣誉！”蒋家俊说。“很感谢 7 年前的自己没有放弃，每一份努力，都会在未来结出丰硕的果实。”方灿豪感慨道。

左起：蒋家俊、方灿豪

从技能“小白”到世赛冠军　他们打开了另一扇“窗”

方灿豪和蒋家俊的技能之路并非一帆风顺，而是充满了艰辛与挑战。

2018 年 9 月，16 岁的蒋家俊入读广州市机电技师学院模具设计与制造专业。那时，他跟很多普通技校生一样，只想着到学校学习一门技能。

也就是在那一年，17 岁的方灿豪获得了广东省职业技能大赛第二名，在随后的全国选拔赛中获得第四名的成绩。然而，在第 45 届世赛国家集训队选拔时，他最终止步于“3 进 1”，与世赛的入场券失之交臂。

2019 年，蒋家俊在第 45 届世界技能大赛移动机器人项目冠军胡耿军的影响下，主动申请加入学校竞赛兴趣班。作为一名“半路出家”的跨专业选手，蒋家俊几乎是从零开始。

尽管专业不对口，也没有软件和英语基础，蒋家俊却硬是凭着一股不服输的精神恶补短板。

蒋家俊对每天的时间规划得格外精细，精准到以分钟来计算，全身心扑在专业技能提升上。为了攻克技术难题，他常常挑灯夜战，有时甚至要忙到凌晨三四点才休息。在学习编程的过程中，他一行一行耐心敲下的代码，积攒起来已有相当可观的规模，这些代码承载着他的心血与付出，见证着他从零基础到精通的蜕变历程。

左起：蒋家俊、方灿豪

方灿豪和蒋家俊在技能追梦的道路上你追我赶，一遍遍磨炼自己的技术，朝着同一个目标前行。最终，2024 年 4 月，方灿豪与蒋家俊两人组成了搭档，共同拿到了第 47 届世界技能大赛的入场券。集训备战期间，两人同吃同住，互相探讨技术难点，成为了无话不谈的好朋友。

征战法国　他们用技能点亮精彩人生

作为双人比赛项目，自主移动机器人融合了机械、电子、计算机、传感器等多学科技术，具有高度的智能化和自主性。在比赛中，选手们需要设计、制作和调试自主移动机器人，使其能够在复杂的环境中自主完成各种任务。这不仅要求选手具备扎实的专业知识和技能，还需要具备创新思维和团队合作精神。

方灿豪表示：“与单人项目最大的不同在于，我们需要紧密配合、相互协作完成任务。因此，我们需要建立良好的沟通和信任机制，确保能够准确理解彼此的意图和需求。”

“在之前的比赛中，这个项目的名称叫移动机器人，这一届改名为自主移动机器人，意味着项目更加智能化。比赛设计有 9 个模块，在比赛时，我们会对各个模块进行分工。我负责机器人的视觉和导航，方灿豪则去做自动化和交互。”蒋家俊介绍。

根据世赛规定，这一项目耗时 4 个比赛日，20 个小时，属于高强度赛事。四天的比赛里，各比赛队伍的比分一直咬得很紧，你追我赶。

在第一天的比赛中，二人配合如行云流水，提前完成任务，一举拿下满分。

在第二个比赛日，由于模块 D“机器人导航与定位”的准备时间缩短了 1 个小时，这导致两人完成编程时只剩下约 20 分钟时间进行程序测试和参数调整。现场测试时，机器人顺利通过起始区，进入导航与定位区域，此后一直“转圈”寻找入口。最终，机器人停留在入口处，丢掉了原本以为不会丢的分数。

尽管遇到挫折，但比赛还要继续，这对搭档顶住巨大的心理压力，积极准备后续的比赛任务。在后面的赛程中，方灿豪与蒋家俊相互配合，发挥良好，特别是在模块 F“机器人环境交互测试”中成为全场唯一获得满分的队伍。

最终，两人以总分领先第二名 0.1 分的优势排名第一，荣获金牌，不仅实现了逆风翻盘，也获得了中国在该项目上的“三连冠”。

技能报国　他们勇敢逐梦

方灿豪和蒋家俊有过失利，有过困惑，但更多的是对失败的深刻理解和超越自我的决心和毅力，这最终也帮助他们站上了世界技能大赛的金字塔顶端。

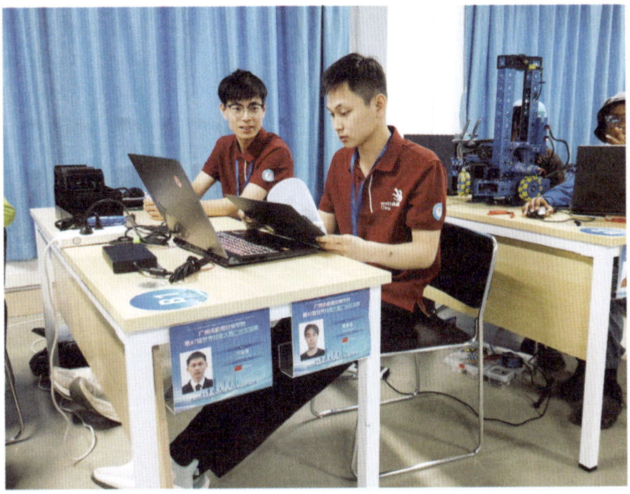

左起：蒋家俊、方灿豪

“这次比赛中有一定程度的失误，但是我们沉住了气，战胜了自己，也战胜了对手。我相信，这次宝贵经历一定会让自己在技能之路上走得更远、更稳、更好。我深知，自己的成功离不开国家、学院、教练和团队的无私支持。我希望能将自己的经验传承下去，培养更多的青年才俊，帮助他们实现自己的梦想。”方灿豪在夺冠后表示。

“开始学习技能的时候可能是兴趣支撑，但到了训练的后期往往都是枯燥乏味的，坚持下来，你就是冠军。”蒋家俊表示，现在他有了更清晰的目标——留校给师弟师妹们传授经验，培育更多的技能人才。

青春当有凌云志。越来越多的“工匠少年”正在通过技能走向人生的“高光时刻”，为每一名追梦人照亮前行的路。

（记者　薛霁）

自主移动机器人项目团队

选手

方灿豪	广州市工贸技师学院职工
蒋家俊	广州市机电技师学院职工

集训基地

北京市工贸技师学院
南京技师学院
安徽六安技师学院
广州市机电技师学院
云南技师学院

技术指导专家

郑　桐（组长）	天津职业技术师范大学高级实验师
袁　懿	北京市工贸技师学院高级讲师
蔡月日	北京航空航天大学副教授

教练

庞　春（组长）	广州市机电技师学院高级讲师
章安福	广州市工贸技师学院高级讲师
崔凯楠	北京市工贸技师学院高级讲师
徐才广	南京技师学院高级讲师
刘旺才	云南技师学院高级实习指导教师
林佳鹏	广州慧谷动力科技有限公司工程师

翻译

马　艳	江西省工贸高级技工学校教授
段宜宏	云南技师学院（云南工贸职业技术学院）教师

向光而生　逐梦前行

——记水处理技术项目金牌获得者　杨艺杰

“水处理技术项目金牌获得者——来自中国的杨艺杰！”当激昂的播报声在法国里昂欧洲展览中心响起时，23 岁的杨艺杰手持国旗，昂首踏上“世界技能奥林匹克”的领奖台，享受属于他的冠军时刻。

2024 年 9 月 10 日至 9 月 15 日，第 47 届世界技能大赛在法国里昂举办，经过 4 天的激烈角逐，来自南京技师学院的杨艺杰在水处理技术项目中脱颖而出，夺得冠军。冠军的背后，是他厚积薄发，六年磨一剑的韧性。这一路，就像他坚信的那样：“千磨万击还坚劲，任尔东西南北风。”

人生转折　向光而生

杨艺杰从小就对需要动手操作的事情展现出独特的兴趣，他总是将家里的遥控器、收音机等物件拆了装、装了拆。2016 年，15 岁的杨艺杰进入南京技师学院学习电气与自

动化专业，在这里，他踏上了技能比赛的道路。

时间转眼来到了 2018 年，这一年对杨艺杰来说是“人生赛道转换期”。那时，他刚结束第 45 届世界技能大赛江苏省选拔赛工业控制项目的比赛，因为在赛场上表现出了很强的临场发挥能力和较高的心理素质，被学校推荐转入水处理技术项目，这也是第 45 届世界技能大赛新设立的项目。面对未知的领域，杨艺杰欣然接受。

但在后续的学习和训练过程中，不同项目之间的巨大差异，让杨艺杰感到很不适应：“水处理技术这个项目跟我之前学习的专业相比，跨度很大，并且融合了很多学科的知识，环境、化学、化工、机械、自动化……当时觉得挺艰难的。”

为此，学校专门聘请南京农业大学的博士带着他从学习基础知识开始，再慢慢熟悉设备，学习做实验、计算结果。每天早上 8 点，杨艺杰都会准时出现在实验室里，至于结束时间，则是“凌晨 12 点起步”。那段时间，用杨艺杰的话说：“强度非常高，要学的东西太多，休息时间很少。”

1 个多月后的选拔赛上，杨艺杰以第 8 名的成绩进入国家集训队，但最终止步于“4 进 1”。2020 年，在第一届全国技能大赛上，杨艺杰直接进入国家集训队。但遗憾的是由于第 46 届世赛改为特别赛，而水处理技术项目并未成为特别赛的赛项，因此他为国出征的愿望未能实现。

2024 年，杨艺杰重整旗鼓，再次投入到更高强度的训练中。他是地道的南京人，学校距他家仅有半小时车程，但他一年也就回家一两次，换季的衣服、被子都是由家人送到学校。

在无数个黑夜与白昼的努力下，2024 年 3 月，杨艺杰在国家集训队的集中考核中排名第一，顺利拿到了世界技能大赛水处理技术项目的入场券。“6 年的努力，让我终于有机会站在世界的舞台上，为国争光！”杨艺杰动情地说道。

随机应变 从容登顶

根据世界技能大赛中国组委会网站上公布的资料，水处理技术项目是指对城市或工

业供水和废水处理系统进行管理、监控和维护的竞赛项目。“通俗地说，水处理技术项目就是‘一个选手管理一整座污水处理厂’，它不仅要求选手理论基础扎实，还得具备一线岗位的工作能力。”杨艺杰说。

具体而言，该项目在实际比赛中分为许多小的模块，例如 VR 虚拟仿真、给定条件下絮凝实验、泵故障判定与处理、微生物检测等。世界技能大赛的规则是提前公布划定的比赛范围，但具体比什么还要当场开“盲盒”。“我要不停地训练，争取在训练中就能做到每个项目基本不失误且动作标准，这样的话比什么我都不怕，裁判也找不到扣分的理由。”杨艺杰坦言道。

在 4 天的比赛周期中，选手们每天都要面临 4 ~ 8 个小时高强度的比赛。这不仅是对他们注意力和专业技术的考验，更是对他们心理素质的检测。

获奖后，杨艺杰的教练刘昕雅这样评价道：“杨艺杰身上有着坚韧不拔的优秀品质，他迎难而上，赢得世赛冠军，同时也获得了其他竞争对手的尊重和祝贺，这份荣誉实至名归。”

教书育人　循梦而行

从法国归来，杨艺杰来不及过多回味就要重新出发，完成从选手到教练身份的转变。如今，他已是南京技师学院环境保护与检测专业“青苗班”的实训老师，正带领着下一梯队的选手准备出战新一届技能大赛。

“学无止境”，这四个字深深刻在杨艺杰的脑海里。做选手时，他锲而不舍地训练，细心分析比赛规则和得分重点。作为一名老师，他接下来学习和研究的方向是教学技巧，“我要研究通过什么样的方式能将这些知识和方法有效地传授给学生，提高他们的技能水平。”

在未来的日子里，杨艺杰将坚守在教书育人的岗位上，为培养高技能人才乃至“世界冠军”做出更大的贡献。

（记者　孙铭瑛）

水处理技术项目团队

选手

杨艺杰	南京技师学院教师

集训基地

北京市工业技师学院
南京技师学院
河南化工技师学院
中山市技师学院
兰州资源环境职业技术大学
重庆市卫生高级技工学校

技术指导专家

王　湛（组长）	北京工业大学环境与能源工程学院教授
杨　彤	北京北排环境检测有限公司高级工程师
万国江	费斯托（中国）有限公司高级工程师
柯瑞华	江西环境工程职业学院副教授

教练

王　湛（组长，兼）	北京工业大学环境与能源工程学院教授
郭文清	北京市工业技师学院助理讲师
刘昕雅	南京技师学院讲师
张小勇	河南化工技师学院讲师
魏海翔	中山市技师学院教授级高级工程师、正高级讲师
赵文青	兰州资源环境职业技术大学副教授
李　静	重庆市卫生高级技工学校教授

翻译

陈佳宝	南京技师学院教师

用奋斗照亮多彩青春

——记化学实验室技术项目金牌获得者　鲁静怡

2024年9月，在第47届法国里昂世界技能大赛中，来自河南开封的“00后”女孩鲁静怡，凭借其出色的表现，荣获了化学实验室技术项目的冠军。这是河南化工技师学院的学子，继姜雨荷在2022年世界技能大赛特别赛上，代表中国首夺该项目冠军之后的再次问鼎，实现了中国在这个项目上的金牌蝉联。

奋斗之路有迹可循

2020年，15岁的鲁静怡进入河南化工技师学院学习化学相关的环境保护与检验专业。入学后，她专注于专业技能的学习，课上认真听讲，课后仔细整理笔记，每完成一次实验，她都会认真复习其中涉及的理论知识。

2021 年，鲁静怡通过选拔进入学校的“培优班”，她认真踏实的学习态度引起了老师的关注。随后，她被老师推荐为世界技能大赛河南省邀请赛的志愿者。巧合的是，16 岁的鲁静怡成了师姐姜雨荷的志愿者，这也成为了两人缘分的起点。“看到师姐在赛场上的精彩表现，我深受震撼，希望自己将来也能像她一样在赛场上闪耀光芒。”从那时起，参加技能竞赛的梦想在她心中悄然生根发芽。

2022 年 5 月，鲁静怡参加校内选拔赛并成功入选校集训队十人大名单，离梦想更近了一步。2023 年春节，为了准备校集训队“5 进 1”考核，她大年初三就返回学校实验室学习训练，常常忙到凌晨 1 点多。在鲁静怡看来，虽然训练日复一日，但是每次都能带来新的体验。“我觉得做实验非常有趣，每当看到颜色变化或化学反应发生时，我都会觉得特别有意思。当实验成功时，我会获得满满的成就感。”

量变带来质变。从校内选拔赛到市级选拔赛、省级选拔赛、省集训队选拔赛、全国选拔赛、国家集训队选拔赛。鲁静怡一路过关斩将，最终拿到世赛入场券，备战第 47 届世界技能大赛化学实验室技术项目比赛。

“她是个能吃苦、不怕失败、韧劲十足的姑娘，在学习和训练的过程中，始终脚踏实地、一步一个脚印地夯实基础，每一个细节都不放过，一步步稳扎稳打，不断提升自我。”教练贺攀科说道。

闪耀技能之巅

在 2024 年法国里昂第 47 届世界技能大赛中，化学实验室技术项目的竞赛时长共 4 天，分为六大模块，涉及化学分析、光度分析、有机合成等多种方法。

比赛第一天，鲁静怡是做有机合成模块，2023 年国赛的时候，她在有机合成模块出现了意外情况，导致比赛失利。“当时，我们真的是为选手捏了一把汗，特别担心她会受到以前失利经历的影响。不过还好，她完成得比较顺利，我们教练松了一大口气，觉得她的心态更稳了，后面比赛会好很多。”贺攀科说。

鲁静怡也一直在心里为自己打气。“之前在备战的时候，我都会把有机合成模块出现的问题当作对自己的警醒，绝不能再让类似情况发生。因为我是代表国家参赛，这关乎国家荣誉，不能因为这些小问题抱憾而归。”

仔细分析试题、建立实验流程、计算实验数据、得出实验结论、撰写实验报告……最终，她以优异的成绩斩获金牌。

“当裁判长宣布比赛结束时，我心中只有一个念头：这场比赛我终于完成了，对我而言已算是圆满。然而，能否锦上添花，我仍有些忐忑。直到颁奖时得知成绩，我才真正感到自己的比赛完美收官，一枚金牌为我的竞技生涯画上了一个完美的句号。此时此刻，所有的压力也都释然了。我代表国家参赛，没有辜负国家的培养，也没有辜负学校、老师、专家和教练团队的付出，更没有辜负自己多年来的坚持与努力。”鲁静怡回忆道。

贺攀科作为姜雨荷和鲁静怡两位世赛冠军的教练，看到她们实现世赛化学实验室技术项目金牌蝉联，他的内心也充满了骄傲与自豪。“看到她们获奖，我心里非常高兴，希望这次成绩能激励更多的学生走上技能成才、技能报国之路。”他欣慰地说。

新起点迎接新梦想

2025年伊始，鲁静怡当选2025—2026年度世界技能冠军联络小组成员。谈到未来的职业发展，她打算像师姐姜雨荷一样留校任教。“学姐将她宝贵的经验传授给我，再加上学校老师们的精心培养，才让我取得了今天的成绩。如今，我希望能回报母校、回报国家的栽培，将竞赛经验传递下去，传承技能梦想，激励更多人走上技能成才的道路。”

姜雨荷、鲁静怡等世赛冠军的诞生离不开学校这块沃土。近年来，河南化工技师学院积极打造世界技能大赛集训基地，为学生创造一流的实训环境。以世界技能大赛为引领，学院将继续坚持“以赛促学、以赛促教、以赛促创”的教育理念，不断推动技能提升与教学创新，为社会培养和输送更多高技能人才。

（记者　王东丽）

化学实验室技术项目团队

选手

鲁静怡	河南化工技师学院学生

集训基地

山东化工技师学院
上海谊信新型技师学院
河南化工技师学院
重庆市卫生高级技工学校
西安石油化工技工学校

技术指导专家

季剑波（组长）	徐州工业职业技术学院教授、高级工程师
杨明明	山东化工技师学院高级讲师、高级技师
范学超	上海信息技术学校高级讲师
母昭德	重庆医科大学教授、重庆市卫生高级技工学校客座教授
朱国军	中山市技师学院高级讲师

教练

贺攀科（组长）	河南化工技师学院高级讲师、高级技师
白磊磊	山东化工技师学院一级实习指导教师、技师
燕传勇	徐州工业职业技术学院副教授
樊红珍	西安石油化工技工学校正高级讲师、高级技师
崔　迎	天津渤海职业技术学院教授、高级技师

翻译

郑思涵	河南化工技师学院教师

脚踏实地　绘就青春之光

——记工业设计技术项目金牌获得者　卓嘉鹏

2024 年 9 月，在法国里昂第 47 届世界技能大赛结束不久，在世界技能大赛官网主页的醒目位置发布了本届世赛获奖选手名单。名单的封面照片是一位中国小伙子张开双臂，身披国旗，骄傲地站在最高领奖台上。他便是工业设计技术项目金牌得主、深圳技师学院设计学院工业设计专业教师卓嘉鹏。

照片上的卓嘉鹏，享受着夺金的喜悦，而在这份荣耀的背后，凝结着许多坎坷和不易。

竞争：坎坷参赛路

“进入这个专业，也许未来可以当个设计师。”2002 年出生的卓嘉鹏，在初中毕业后走到了人生的十字路口。从小就对绘画和手工感兴趣的他，最后选择了深圳技师学院工业设计专业。

2017 年，深圳技师学院学生马韦欣参加了世界技能大赛平面设计技术项目的比赛，这让卓嘉鹏非常羡慕。“当时觉得学姐好厉害，希望自己也能像她一样站上世界技能大赛的舞台。”卓嘉鹏回忆。

要想取得技艺上的突破，只有不断地重复练习。从此，卓嘉鹏更加认真地画好每一张设计图，一遍不满意就画两遍、三遍。量的积累，让他的基本功越来越扎实。

2019 年，卓嘉鹏通过教练团队的多项考核，成功入选学院工业设计技术项目集训队。在校内选拔赛中，卓嘉鹏脱颖而出。

2020 年 9 月，在第 46 届世界技能大赛工业设计技术项目广东省选拔赛上，卓嘉鹏夺得第一名。

2020 年 12 月，在第一届全国技能大赛上，卓嘉鹏作为年龄最小的选手，夺得工业设计技术项目金牌，成功入选国家集训队。

2024 年 3 月，在新一轮国家集训队的集中考核中，卓嘉鹏再次脱颖而出。

激动，恍惚。这是卓嘉鹏在收到参加第 47 届世界技能大赛通知后的第一反应。

分析、绘图、设计、打印……在备赛的日子里，卓嘉鹏每天训练超过 12 个小时。日复一日的训练，让卓嘉鹏对每一件产品的特点都了然于胸。

参赛：赛场展英姿

2024 年 9 月初，卓嘉鹏跟随中国代表团飞往法国里昂。

比赛前 15 分钟进行项目简报，卓嘉鹏拿到了考题，内容是按照“客户”要求，设计一款无线游戏鼠标。

按照赛程，工业设计技术项目共有设计分析、概念设计、CAD 建模和 3D 打印、模型制作、设计方案展示 5 个模块，历时 3 天。

“备赛期间也准备过鼠标的题目。”但这么普通的题目，如何分出高下呢？卓嘉鹏认为：“抓住得分点，规划好时间。不怕小失误，避免大失误。”

“比赛第一天，我看他在绘图时头埋得特别低。”教练笑着回忆，“他备赛时的姿态可不是这样。”

第一天的紧张也反映在比赛中。在绘制三视图时，卓嘉鹏按照在国内比赛的习惯和思维设计，等绘制完成后才发现与比赛标准有出入。

“第一天小错误比较多，一些得分点没有抓住。”卓嘉鹏说。

当天晚上，教练团队帮着卓嘉鹏调整心态：“比完的就不要想了。之后要看清楚每一个得分点，不要给裁判扣分的空间。”

从第二天开始，卓嘉鹏彻底放松了下来，顺利完成比赛。

成绩公布后，卓嘉鹏泪洒赛场。“多年的压力，多日的紧张，终于得到了释放。”卓嘉鹏说。

“对手实力都很强，压力很大，不确定因素很多。对心态的考验超过了对技术的考验，当出现小错误时，我没有慌张，始终稳定把控比赛进程。”在总结比赛胜利原因时，卓嘉鹏说，经过多年的训练，他不仅练就了扎实的基本功和出色的技术，也培养了沉着的比赛心态。

凯旋：后浪推前浪

“参加世界技能大赛，不仅提升了我的技能水平，也让我对‘技能成才、技能报国’这句话有了更深的认识，”卓嘉鹏说，“站在教练的角度看比赛，能看到作为选手看不到的地方，能帮助我更好地培养学生，同时也提升自己。”

卓嘉鹏的成功，影响了许多学生的选择，他们跟着卓老师的脚步，走上了技能竞赛之路。同时，深圳技师学院为参赛选手提供优质的软硬件设施和材料，派选手参加各类技能竞赛，以赛促学，使学生们的技能水平得到不断提升。

“有不少学生毕业后想改行，但是他们看到我对专业的热爱和坚持，以及在世赛上取得的成绩，都非常受鼓舞，也愿意重新走上工业设计的道路。”看到自己的经历能给身边的学弟学妹们以激励，卓嘉鹏的内心充满自豪。

（记者　叶海晨　通讯员　杨小惠）

工业设计技术项目团队

选手

卓嘉鹏	深圳技师学院教师

集训基地

深圳技师学院
上海工艺美术职业学院
江苏省常州技师学院
杭州萧山技师学院
重庆市机械高级技工学校（重庆机械技师学院）
广西机电技师学院

技术指导专家

王方良（组长）	深圳大学教授
张　肖	深圳技师学院高级技师
冯玉泉	广东省轻工业技师学院高级讲师、高级技师
郑德宏	上海工艺美术职业学院副教授
公茂金	山东交通技师学院高级讲师、高级技师

教练

杨　勇（组长）	深圳技师学院工程师、技师
刘智志	江苏省常州技师学院高级讲师、高级技师
方　雪	杭州萧山技师学院教师
郑　正	重庆机械技师学院高级技师
王婷婷	长春科技学院副教授、高级工程师

翻译

王　晰	山东工业技师学院教师
武亚坤	广州市机电技师学院教师、中级翻译

精益求精摘得“技能皇冠上的明珠”

——记工业 4.0 项目金牌获得者　卢俊威　谢辉铉

“获得本届世界技能大赛阿尔伯特·维达大奖的是——工业 4.0 项目，来自中国的选手卢俊威、谢辉铉！”

当地时间 2024 年 9 月 15 日晚，在法国里昂第 47 届世界技能大赛闭幕式的舞台上，卢俊威、谢辉铉伴随众多选手的掌声走上领奖台。他们身披国旗，从世界技能组织主席的手中领取了阿尔伯特·维达大奖——这个每届世赛唯一的、奖励获得所有参赛项目最高分选手的大奖。

左起：卢俊威、谢辉铉

一条由兴趣通往成功的路

卢俊威和谢辉铉是广东技师学院的校友。2021 年，两个人从广东省来到上海市，在上海科创职业技术学院任教。在这里，两个人搭档参加工业 4.0 项目竞赛，至今已有 3 年时间。

卢俊威专注于机电一体化，而谢辉铉擅长计算机网络。谈到成长经历，两个人都表示："兴趣是最好的老师。"

少年时，卢俊威、谢辉铉二人都当过一段时期的"网瘾少年"。

"在叛逆时期，每天就盯着屏幕，其他什么都不管。"谢辉铉说。后来，他慢慢把兴趣点转移到了计算机网络方面，一门心思学起了技能。

卢俊威也曾短暂地当过一段时间的"网虫"，直到被物理知识的博大精深所吸引。"找到了自己的兴趣，就能特别沉浸地'钻'进去，再大的困难都可以克服。"卢俊威说。

当兴趣成为自驱力和原动力时，所有的困难都不在话下。两个人还记得，2021 年刚接触工业 4.0 项目时，赛项的难度和专业性让他们觉得"离领会还有很长距离"。

"在我们泄气的时候，教练和领队跟我们说，要不断地训练，积累知识和经验。"卢俊威说。

不断地重复训练技能，就能精通技能。在集训基地，两个人每天从早晨 8 点开始训练，一直到晚上 9 点才结束。

"变化"是很多世赛项目备赛时最需要解决的问题，工业 4.0 项目也不例外。"项目的正式比赛题目在比赛前都是保密的，没办法根据赛题进行准备，所以我们尽量把每种情况都考虑到，做到不紧张、不慌乱。"卢俊威说。

"他们从来没有一丝抱怨，踏实、专注地完成好每一次训练和模拟测试，"工业 4.0 项目专家组组长袁海嵘对两个小伙子勤恳的态度感到非常欣慰，他说："正是由于他们的勤奋和踏实，我们做好了万全准备，这也是他们第一次参加比赛就能夺得金牌的最大秘诀。"

双人赛极其考验两名选手的默契程度。通过 3 年的准备，卢俊威和谢辉铉之间也形成了特定的默契。

"我们无话不谈，形影不离，比赛中时刻保持信息互通。"谢辉铉说，如果卢俊威需要数据，他就能在最短的时间内给对方提供一份完备的数据表。两个人相互信任、相互依靠、相互弥补，无论是赛场上还是在生活中，都是彼此的好朋友、好战友。

一股为国争光的拼劲

在这次工业 4.0 项目中，设置了 4 个模块。第一个模块，对生产线进行预仿真，搭建网上商城；第二个模块，搭建工业网络并完成网络安全设置；第三个模块，为工作站添加智能传感器，进行智能维护；第四个模块，做一个能源管理系统，通过生产线上的数据做能源分析。

从赛前的设备调试，到比赛中的沉着冷静，卢俊威和谢辉铉的表现特别稳定。

“4 天的模块相互关联，大部分都是我们有所准备的内容，我们在比赛前就互相打气，一定要拼搏，一定要冷静，不为赛场内外的波动所打扰，要一鼓作气，把自己最好的部分展现出来。”卢俊威说。

“这个项目是世赛的新项目，我们在备赛和比赛的过程中都没有先例可循，但我们心里是有底气的，因为我们做了大量的准备。”谢辉铉说，当每一个模块结束，他都能感觉到俩人正朝着最好成绩一步步靠近。

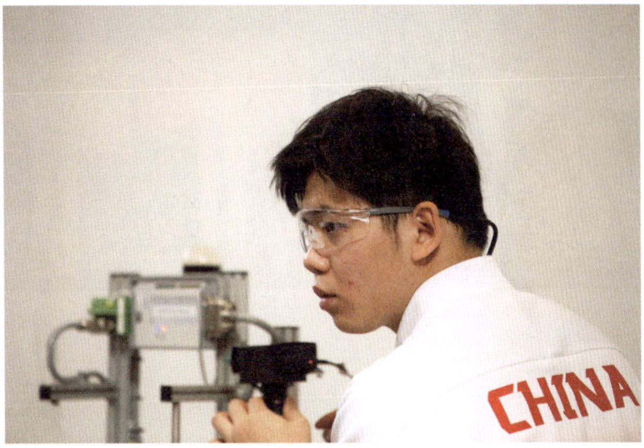

鉴于比赛规则的要求，多数时候袁海嵘只能远远看着两个小伙子比赛。“我对我们的选手有自信，但第一天，我的心里是有点忐忑的；第二天，心里慢慢踏实下来。越到后面，心里就越踏实：这次我们有戏，有能力获得好成绩。”他说。

一束照亮未来的技能之光

在获得世赛金牌及阿尔伯特·维达大奖后，谢辉铉在他的朋友圈里写道：轻舟已过万重山，长路漫漫亦灿灿。

“获得至高荣誉，是对我们这些年努力的肯定。”谢辉铉表示。世赛夺金也给他带来更多的思考和启发，他说：“这是一次难忘的经历和考验，我希望今后能将自己的经验传递给更多同专业的学子，指导他们在技能成才的道路上脱颖而出。”

载誉归国后，两人快速切换回教师身份，只不过此时在校园里已经有了许多他们的“粉丝”。

“我们的比赛经历说明，只要精益求精，就能攀登技能高峰。”卢俊威说。在做好教学工作的同时，他们也希望能通过分享自身经历，带动更多青年学习技能。

左起：卢俊威、谢辉铉

“我们想帮助更多的学弟学妹深耕专业、苦练技能，让工业4.0项目的技术技能有传承、有发展，助力中国早日成为工业强国。”卢俊威说。

（记者　赵泽众）

工业 4.0 项目团队

选手

卢俊威	上海科创职业技术学院教师
谢辉铉	上海科创职业技术学院教师

集训基地

江苏省无锡技师学院
天津职业技术师范大学
内蒙古冶金技师学院
娄底技师学院
海南省技师学院
四川仪表工业学校

技术指导专家

袁海嵘（组长）	西门子工厂自动化工程有限公司技术部高级工程师、高级技师
戴颖明	西门子工厂自动化工程有限公司高级工程师
颜少亮	费斯托中国有限公司技术应用经理
苏美亭	山东工业技师学院现代制造工程系主任、高级讲师、高级技师

教练

袁海嵘（组长，兼）	西门子工厂自动化工程有限公司技术部高级工程师、高级技师
张　俊	无锡技师学院高级讲师
贺涛涛	天津职业技术师范大学实验师、技师
王德柳	海南省技师学院讲师、高级技师
蒋志侨	四川仪表工业学校正高级实习指导教师、高级技师
祝　林	上海科创职业技术学院讲师、工程师
花培文	广州市机电技师学院技师

翻译

谷丽琼	天津市电子信息技师学院教师

用技能之光　点亮金牌之路

——记光电技术项目金牌获得者　陈骏安

当地时间2024年9月15日，在法国里昂第47届世界技能大赛闭幕式的颁奖现场，当主持人喊到光电技术项目金牌属于陈骏安时，他身披国旗，跳上最高领奖台，享受着现场观众的热烈欢呼。

对现场观众来说，这是一枚闪耀着夺目光芒的金牌。对陈骏安来说，这是一枚差点无法得到的金牌。

从第一到第二　差点无缘世赛

2020年7月，陈骏安从哈尔滨工业大学深圳校区通信工程专业毕业后，成为深圳信息职业技术学院微电子学院智能光电技术应用专业的一名老师。

当时，陈骏安没有听说过世界技能大赛。2020年9月，学校征求他的意见，问他是否愿意参加技能比赛。陈骏安果断报了名。

“借助参赛提升自己的技能水平，才能更好地培养学生。”陈骏安参赛的初衷很简单。

没想到，从市赛、省赛到国赛，陈骏安都拿了第一名，成功进入国家集训队。

2022年10月，陈骏安前往日本京都，现场观摩了世赛特别赛光电技术项目的比赛。“在现场，能感受国际比赛的氛围、语言环境、比赛流程，为之后自己参加世赛做准备。”

2023年11月，陈骏安再次进入国家集训队。2024年3月，新一轮世赛选拔开始。这次，陈骏安在6名选手中排名第一。

“第47届世赛光电技术项目要

求参赛选手出生日期在 1999 年 1 月 1 日之后，我是 1999 年 2 月出生的，差点没机会参赛。”陈骏安笑着说。

从四年到四天　开出胜利之花

拿到第 47 届世赛入场券后，陈骏安开始了长达半年的闭门训练。学校安排了光电技术教师、体能教练、外语老师和心理专家，并联合国家队教练，共同组建教练团队。

备赛期间，陈骏安参考上届特别赛题目进行反复练习，了解光电行业最新动态，从技能提升、理论储备、软件操作等角度进行全方位的准备和训练。体能老师结合项目特点，合理安排陈骏安每天进行跑步、游泳或者上肢力量训练；外语老师每天带着陈骏安熟悉光电技术专业英语单词；心理专家每周为陈骏安进行心理疏导……

本届世赛光电技术项目比赛历时 4 天共 20.5 个小时，包含 2 个大模块和 6 个小模块的内容，考查选手是否具备全能工程师的水平以及动手操作能力。

即使经历了多次大赛洗礼，拥有过硬技术和良好心态，但站在世赛赛场上，陈骏安还是很紧张。

“在第二天 LED 灯带装饰系统制作和调试模块的比赛中，我要完成 200 多个焊点的焊接，还要用导线把灯带焊接在一起。导线直径 0.4 毫米，焊盘之间的距离不到 1 毫米，不能焊错一个，否则就会短路，如果重来就没时间了。”陈骏安回忆。

比赛开始后，陈骏安左手拿着导线，右手拿着电烙铁，两只手都在发抖。后来，他闭上眼、深呼吸，缓解了十几秒，再开始焊接。刚开始，陈骏安动作很慢，在焊了几个点位后逐渐进入状态，手也稳下来，并且越来越快，提前半小时完成这一模块的比赛。

第三天比赛结束后，陈骏安最大的两个竞争对手都出现了明显失误，这让陈骏安紧张的心情稍有放松，但是他也知道没到最后一刻，谁都不能说已经胜券在握。项目技术指导专家周渝曦也对陈骏安说：“你依然不能掉以轻心，还有最后一天比赛，只有稳定发挥不失误才能拿到金牌。”

第四天，陈骏安发挥稳定，顺利完赛。

"上领奖台时，我既紧张又激动，心跳特别快，"陈骏安告诉记者，"坚持了 4 年，现在终于开花结果。"

从一人到多人　培养后起之秀

"作为一名老师，通过参加世界技能大赛，让我提升了技能水平，教学也更有底气，对培养出优秀的学生更自信了。"这是陈骏安夺金之后的最大感受。

陈骏安的经历，也激励了他的一些学生选择走上技能竞赛的道路，这让他备受鼓舞。陈骏安组建起一支梯队，选拔优秀学生加入。

"现在，已经有 4 名学生参加了选拔，"陈骏安相信，这支梯队将逐步壮大，"在教学之余，我想以教练的身份培养更多学生参加国赛、世赛。我会将我的竞赛经验倾囊相授，帮助他们取得好成绩。"

（记者　叶海晨　通讯员　曾敬　陈鸿英）

光电技术项目团队

选手

陈骏安	深圳信息职业技术学院教师

集训基地

重庆电子工程职业学院
天津市电子信息技师学院
吉林省理工技师学院
衡阳技师学院
青岛市技师学院
玉溪技师学院

技术指导专家

周渝曦（组长）	重庆电子科技职业大学教授
陈　良	重庆电子科技职业大学教授、高级技师
周　威	荆州理工职业学院副教授、高级技师

教练

蔡运富（组长）	重庆电子科技职业大学高级技师
胡向东	云南省玉溪技师学院正高级讲师、高级技师
田承瑞	青岛市技师学院讲师
廖奕帆	衡阳技师学院助理讲师
崔艳霞	天津市电子信息技师学院技师
刘　鹏	吉林省理工技师学院副院长、高级技师
邓海平	上海电子信息职业技术学院高级工程师

翻译

汪　华	广州市机电技师学院教师
董其才	广州市职业技术教育研究院中级翻译、教研员

以“满分组合” 铸非凡佳绩

——记机器人系统集成项目金牌获得者 吴龙辉 刘富强

青春飞扬，梦想成真。在法国里昂第 47 届世界技能大赛中，广州市机电技师学院学生吴龙辉，携手队友刘富强，为中国代表队夺得机器人系统集成项目金牌，这也是中国在该项目上的首金。这个项目是本届世赛的新增项目，尽管两位选手在比赛中遇到了一些波折，但他们最终还是凭借精湛的技艺和沉稳的心理素质，用 22 秒做出了新能源汽车电池组装生产线，以领先其他队伍 7 秒的优势实现“参赛即夺冠”。

左起：吴龙辉、刘富强

开拓者的使命与担当

作为首次参加机器人系统集成项目的中国队选手，吴龙辉和刘富强深知自己肩负的使命。在备赛过程中，他们没有任何先例可循，只能依靠自己的智慧和努力，去探索、去创新、去突破。在广州市机电技师学院，质量、细节、职业素养是每位选手的必修课。吴龙辉和刘富强都明白这些细节的重要性，他们力求在每一个细节上做到完美，因为细节决定成败。他们将每一次训练都当作比赛来对待，将每一个细节都当作决定胜负的关键。

左起：吴龙辉、刘富强

荣耀的背后总是伴随着艰辛与挑战。在比赛最后一天的任务中，他们遇到了前所未有的困难。因为交互界面的文件内容比训练时多了许多，导致系统因内存不足而崩溃。刘富强不得不 3 次重启控制柜，耗费了 15 分钟的宝贵时间。他们被迫申请技术支持，让系统恢复到前一天晚上比赛结束的状态。但裁判只补给了他们 12 分钟时间，并建议他们“注意控制文件大小，否则内存不够系统还会崩溃”。

这样的突发情况对选手的心态产生了极大的影响。即使是身经百战的吴龙辉和刘富强，也不免变得小心翼翼。他们每次传输文件时都要仔细查看文件大小，因为他们的控制柜只剩下 900 K 的内存了。吴龙辉说：“这次比赛要克服连续几天、几十个小时比赛的精神疲劳以及应对各种突发情况的心理压力，就是在极限边缘游走。”

金牌和荣耀的背后，是无数个日夜的勤学苦练，是无数次跌倒又重新站起来的坚韧，也是对精益求精工匠精神的极致追求。

七秒之差，铸成传奇

机器人系统集成项目要求选手根据工厂的生产实际，完成一套以机器人为主体设备的自动化系统。选手通过设计、编程、安装等步骤，让机器人具备搬运、装配、堆垛、焊接等功能。该项目考核内容范围广、难度高，要求选手具备机械、电气、计算机编程、人工智能视觉技术等多方面技能。

比赛中，吴龙辉负责设计编程，刘富强负责进行组装。他俩分工明确，配合默契，设计出来的生产线效率极高，其他队伍的生产线一次只能抓取一块电池，他们可以抓取 6 块，一下就拉开了差距，7 秒的优势就是这样来的。吴龙辉笑称他们是“满分组合”，默契度百分之百。

左起：吴龙辉、刘富强

一次抓取6块电池的技术听起来不简单，做到更不简单。这不仅考验设计编程，还考验组装抓取的精确度，二者缺一不可。刘富强说："首先在程序设计上比一次抓取一块要复杂，代码多写1/3。其次很考验传感器技术，要确保传感器能够准确检测到被抓取物品的末端。"事实上，这次比赛有一支国外队伍也用了这个程序，但传感环节出了问题，电池中途掉在了传送带上。"1传6"虽然难度大，但是更符合生产实际，是未来的发展趋势。

工业机器人被誉为"制造业皇冠上的明珠"，制造业智能化过程中离不开工业机器人。随着中国智能制造的发展，对机器人系统集成人才的需求越来越多，两位选手的夺冠也显示了中国在这方面人才培养上取得的成绩。

七年磨一剑，终得梅花香

在技能竞赛的道路上，吴龙辉和刘富强走得并不轻松，但却十分执着。刘富强深情地说："技能报国是我们的梦想，只要没有达到自己心中理想的高度，我们就绝不放弃。"这个念头如同一盏明灯，照亮了他们7年的学习生涯。

在这7年里，他们经历了20多场赛事"大考"，每一次都如同在刀尖上跳舞，稍有不慎就可能前功尽弃。他们曾在千里之外的陌生城市进行培训，面对陌生的环境和对手，他们凭借坚定的信念和顽强的毅力，一次次地克服困难、超越自我。

2019年，吴龙辉在全国职业院校技能大赛（中职组）中获得一等奖。毕业后，他来到广州市机电技师学院深造，2020年他又代表广东省参加第一届全国技能大赛，获得机器人系统集成项目金牌，进入国家集训队。后来他去了企业实习，这段经历帮他积累了更多经验，心态也更加沉稳。

刘富强的经历更丰富一些，2017年，他进入广州市机电技师学院就读。入学后，他很快就进入了技能竞赛的赛道，市赛、省赛、国赛、行业赛、选拔赛，赛赛不落。参赛项目也多次转换，工业控制、智能制造、机器人系统集成都有他的足迹，每一次项目的转换都意味着要重新开始，面对全新的知识和技能的挑战。最终他的努力与付出得到了回报，在机器人系统集成项目中大放异彩。

（记者　李小彤　通讯员　邓纯艳　刘决）

机器人系统集成项目团队

选手

吴龙辉	广州市机电技师学院学生
刘富强	广州市机电技师学院教师

集训基地

广州市机电技师学院
河北省唐山市技师学院
杭州技师学院
山东技师学院
广西机电技师学院
吉林省工业技师学院

技术指导专家

李瑞峰（组长）	哈尔滨工业大学机器人研究所副所长
李关华	上海信息技术学校正高级讲师
张善燕	广州市机电技师学院高级讲师

教练

李关华（组长，兼）	上海信息技术学校正高级讲师
田　超	河北省唐山市技师学院（唐山工业职业技术大学）教授、高级工程师
项万明	杭州技师学院高级实习指导教师
苏子民	山东技师学院正高级讲师
林钦仕	广州市机电技师学院高级讲师
刘　超	吉林省工业技师学院正高级讲师
郝　飞	天津职业技术师范大学副教授、技师
吴燕琳	上海发那科智能机械有限公司工程师

翻译

韩　燕	海南省技师学院教师
汪　华	广州市机电技师学院教师

从梦想启航到世界之巅

——记信息网络布线项目金牌获得者　李宏宇

北京时间 2024 年 9 月 16 日，在法国里昂举办的第 47 届世界技能大赛闭幕式上，天津市电子信息技师学院学生李宏宇凭借出色的表现，夺得信息网络布线项目金牌。在欢呼和掌声中，19 岁的李宏宇身披国旗走上领奖台，迎来令人瞩目的“高光时刻”。

这一枚金牌意义重大，它是中国在信息网络布线项目摘得的第一枚单列金牌，打破了日本对该项目金牌的垄断。

19 岁的年纪，首次出征国际赛事，在被誉为“世界技能奥林匹克”的世界技能大赛上一举夺魁，实现历史性突破。李宏宇在花样年华，用坚韧、勇气和汗水，书写了一份闪耀的“冠军答卷”，在技能这条赛道上跑出了精彩的人生。

淬炼真功："狭路相逢勇者胜"

2004 年，李宏宇出生于天津。2020 年秋，进入天津市电子信息技师学院电子技术专业学习。2021 年初，他通过了学院世赛训练中心的层层选拔，从"26 进 14""14 进 8"，再到"8 进 5"，最终成功入选信息网络布线竞赛队。

"入队时，我的成绩排名是倒数第二。"为了尽快适应高强度的训练节奏，李宏宇将全部精力投入到了理论学习和实操练习中，苦练基本功。渐渐地，他对信息网络布线的理论知识有了更深入的理解和掌握，实操技术也日渐熟练。

2023 年 9 月，李宏宇以精湛的技术和稳定的发挥，夺得第二届全国技能大赛信息网络布线项目金牌，并入选世界技能大赛国家集训队。2024 年 3 月，他参加第 47 届世界技能大赛集中考核（广东赛区），以第一名的成绩脱颖而出，获得代表中国参加世界技能大赛的资格。2024 年 9 月，这名"津门小将"为国出征，一举夺金，向世界展示了中国在信息网络布线项目上的高超技术水平。

砥砺心性："千磨万击还坚劲"

在世界技能大赛中，信息网络布线项目的赛程是 4 天。为了这 4 天，李宏宇刻苦训练了 3 年半的时间。从学院世赛训练中心到世界技能大赛赛场，从市赛到世赛，追逐梦想的道路从来不会一帆风顺。一路走来，李宏宇磨砺出良好的心理素质。

随着在信息网络布线项目这条赛道上的不断进阶，李宏宇面临更多心理方面的挑战。"特别是进入国家集训队以后，心理压力大，需要学会自我调适。队里专门请了心理学专家，帮助选手掌握一些解决常见心理问题的方法。"李宏宇说。

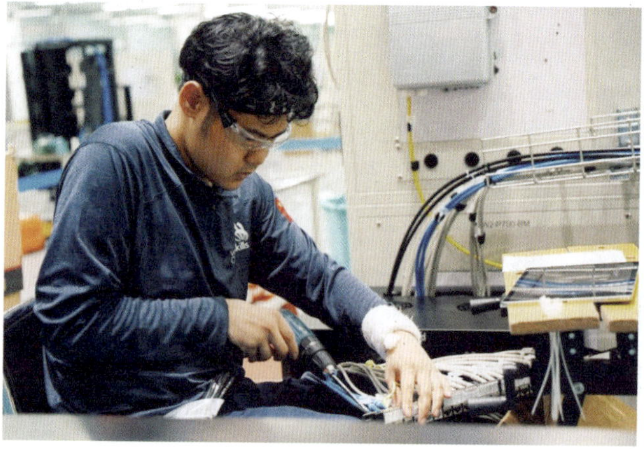

"他在平时的训练中，有一种刻苦的韧劲，有良好的心理稳定性。"世界技能大赛信息网络布线项目首席专家、天津市电子信息技师学院教授卢勤对李宏宇作出如是评价。

挑战极限："不破楼兰终不还"

世界技能大赛信息网络布线项目对选手的技能要求有三项：一是根据要求，完成对光缆、铜缆和机架的安装；二是排除光缆和铜缆的网络故障；三是对光缆和铜缆的性能进行测试，并实施无线网络技术和网络应用的配置。比赛最大的挑战在于充满不确定性。按照规定，信息网络布线项目比赛分 4 天进行，要在 18 个半小时内完成 5 个模块的比赛内容。

"题目在比赛前两天才能看到，看题时间只有 1 个小时，尽自己所能，能记住多少就记住多少。"李宏宇说。与上一届相比，在时间不变的条件下，本届大赛的题量大幅增加，对选手基本功的考验更加严格。

其中，在模块二的比赛中，布线长度从以往的 305 米变成 610 米，工作量翻倍。"题目设置了三个任务等级，根据我模拟训练的数据进行评估，根本不可能全部完成。教练建议我有策略地放弃其中一个任务，但是我想赌一把，挑战全部做完。这意味着，一旦过程中出现失误，导致没有做完，可能失分更多。"李宏宇说。

极限挑战是勇敢者的游戏。李宏宇的勇气来自内心的坚定信念——"在这个项目上，日本选手连续 17 年垄断金牌。我是带着众人的期望来的，要竭尽全力证明中国选手的实力。"

第 47 届世界技能大赛闭幕式颁奖的那晚，场馆里气温较低，当身披国旗站上最高领奖台时，李宏宇感觉"一下就暖和了，心都是炽热的"。下场后，李宏宇更是觉得"憋着的一口气终于释放了"，他动情地对教练说："我们终于做到了！"

如今，李宏宇逐渐完成了从选手到教练的身份转换。他将自己 3 年来的经验方法、心得体悟整理成万余字的报告，分享给信息网络布线项目这条赛道上的“后继者们”。“努力为备战下一届世赛贡献自己的力量，希望我们能再创佳绩！”李宏宇满怀期待地说。

（记者　贾熠娟）

信息网络布线项目团队

选手

李宏宇	天津市电子信息技师学院学生

集训基地

天津市电子信息技师学院
邢台技师学院
兴安盟高级技工学校
江苏省无锡技师学院
安徽金寨技师学院
云南技师学院

技术指导专家

卢　勤（组长）	天津市电子信息技师学院教授、高级技师
杨　阳	天津电子信息职业技术学院教授、高级技师
阮维卓	天津市电子信息技师学院高级技师
林洪伟	广东科学技术职业学院技师
梁嘉伟	中山市技师学院高级实习指导教师、高级技师
韦国发	天津市电子信息技师学院高级工程师、高级技师

教练

杨　阳（组长，兼）	天津电子信息职业技术学院教授、高级技师
张洪豪	天津市仪表无线电工业学校技师
费　涨	江苏省无锡技师学院高级讲师、高级技师
李英奎	山东工业技师学院高级技师
任亚西	郑州技师学院高级讲师、技师

翻译

王一青	上海出版印刷高等专科学校教师
李晓洁	藤仓（中国）有限公司总监助理

不负韶华循初心　传好匠心接力棒

——记商务软件解决方案项目金牌获得者　曹佳豪

当地时间 2024 年 9 月 15 日，第 47 届世界技能大赛在法国里昂正式落下帷幕。来自江苏省苏州技师学院的曹佳豪斩获商务软件解决方案项目金牌，这也是我国在该项目中首次获得金牌。

在喧嚣与激情交织的赛场上，21 岁的曹佳豪以沉着的心态和卓越的技术脱颖而出，在这份荣耀的背后，有一个关于“初心”与“传承”的故事。

灼灼初心　向阳启航

从少年时代开始，曹佳豪就对计算机有着浓厚的兴趣。2018 年刚入学，他就参加了校内集训基地的招新，开始了长达 6 年的训练。

作为第一梯队的学员，基地为他提供了周到、细致的保障，如宿舍、寒暑假的免费食堂等。更重要的是，曹佳豪遇见了二十出头的教练杜润。杜润是第 44 届世界技能大赛商务软件解决方案项目铜牌获得者，他对曹佳豪的影响深远。曹佳豪立志要像杜润那样，以技能点亮人生，为国争光。

在基地，曹佳豪不仅完成了理论学习，还参与了大量的实际开发项目。项目内容涵盖软件开发的全部流程，包括前期分析、中期开发及后期测试等。随着技术的不断精进，他开始注重积累自己的实践经验。

“基地请来百度的高级管理人员上课，让我对互联网大厂的开发规范、项目管理有了深刻了解。我还参与了校训基地仓库管理软件的开发，用所学回报学校。”曹佳豪说。

2020 年，曹佳豪迎来了自己的首次正式检验——第一届全国技能大赛。在广州，经历了 3 天、累计 17 个小时的激烈角逐，曹佳豪最终收获了银牌。为了在未来的比赛中取得更好的成绩，曹佳豪继续投入到高强度的训练中。

"那个时候，我基本上每天都要练习 10 个小时以上，有时候会练到凌晨一两点。"曹佳豪回忆道。

终于，在 2023 年 9 月，他再次站上了全国技能大赛的决赛舞台。这一次，他带着 3 年的积累与成长，圆了自己追逐已久的"金牌梦"。

"我还想冲一冲、拼一拼，像杜教练一样站在世界技能大赛的舞台上。"曹佳豪对自己说。

厚积薄发　一举夺冠

"我的训练时间相对较长，这让我在技术积累上奠定了较为坚实的基础。此外，多次参加比赛的经历让我积累了良好的心态，能够在面对不同问题时保持冷静，实现稳定发挥。"拿到金牌后，曹佳豪这样总结自己的成功。

商务软件解决方案项目的比赛分为 7 个阶段，用三天半的时间完成，每天上午比赛 3 个半小时，下午比赛 2 个半小时。每天赛程结束后，曹佳豪回到酒店还要继续训练到深夜。

"比赛期间，我的心态相对平稳。不过，毕竟是世界技能大赛，强者如云，有韩国三星、日本丰田公司的开发人员，他们的实战经验都非常丰富。"曹佳豪说。

本次比赛的题目是为法国一家拥有百年历史的面包工厂设计信息化转型系统。任务包括数据处理、需求分析、开发信息化软件，最终创建数据可视化报表。题目不仅考验选手的技术，更重要的是满足客户需求，这需要依靠过往的技术积累来灵活应对。

尽管赛前做了充分的准备，但比赛中曹佳豪还是遭遇了意外情况。

"比赛中我的设备出现了问题，开始我怀疑是自己操作有误，心态受到了影响。"他回忆道。回想起比赛前和教练对遇到突发情况的演练，曹佳豪和现场专家据理力争，最终确认是设备硬件出现问题，主办方进行了补时。

评委的评分标准分为客观分和主观分，其中客观分由测试数据的准确性决定，占较大比重。曹佳豪在数据分析和报表制作方面表现得尤为突出，最终成功赢得金牌。

"这枚金牌不仅展现了曹佳豪出色的个人技术，更考验了他的心态和应变能力。"曹佳豪的教练说。

扛起旗帜　传承“金”神

“参加比赛除了赢得奖项，为国争光，还有其他的意义。首先它考验并提升了我的技术广泛性和专业性，更重要的是，它培养了我在面对问题时保持冷静、不慌张的能力，也锻炼了我的毅力。”曹佳豪说。

回到学校后，曹佳豪选择留校成为商务软件解决方案项目的教练，一方面继续精进技术，另一方面负责下一届世界技能大赛选手的选拔和培养。比起进大厂、拿高薪，他希望这枚金牌能够鼓励基地里的年轻人在项目组中学习前沿的技术知识，在未来的比赛中取得优异成绩。

“经过多年的实践，培训体系已经很成熟了，我想再结合自己对于比赛的一些理解，继续优化现有的培训体系。”曹佳豪表示，他希望能够将自己在比赛中的经验和理解融入培训中，帮助更多选手成长。

（记者　徐榕涓）

商务软件解决方案项目团队

选手

曹佳豪	江苏省苏州技师学院教师

集训基地

邢台技师学院
上海商学院
江苏省苏州技师学院
烟台市技师学院

技术指导专家

韩素华（组长）	邢台技师学院教授
颜　健	天津电子信息职业技术学院技师
谈　嵘	上海商学院副教授
杜　润	江苏省苏州技师学院高级实习指导教师、高级技师

教练

张育才（组长）	邢台技师学院讲师
鲁　毅	江苏省苏州技师学院高级技师
刘　伟	烟台市技师学院讲师
黄雅菁	上海行健职业学院工程师
王旭政	邢台技师学院技师

翻译

王立昀	上海港教育培训中心培训师
高敬宙	邢台技师学院教师

勇攀高峰 “云”端登顶

——记云计算项目金牌获得者 黄佳杰

这是第 47 届世界技能大赛唯一一项能联网比赛的项目，每位选手的分数会在成绩显示屏实时更新，给选手带来一定压力……

这是第 47 届世界技能大赛中国代表团志在蝉联的一枚金牌，肩负连续夺冠任务带来的压力可想而知……

在双重压力下，深圳技师学院信息与通信学院云计算技术应用专业教师黄佳杰凭借出色的技术和沉稳的发挥，夺得该项目金牌。

兴趣加持 磨砺匠人心

“我从小就喜欢计算机。”黄佳杰说。

兴趣，让黄佳杰在初中毕业时选择了深圳技师学院通信网络应用专业。这份兴趣不仅铺就了他的专业道路，也为他日后登上世界最高领奖台提供了不竭动力。

2019年，为响应深圳市“20+8”产业政策，深圳技师学院设立云计算专业。同年，世界技能大赛第一次设立云计算项目。当年7月，黄佳杰进入学院集训队，主攻云计算项目。

2020 年，黄佳杰获得第 46 届世界技能大赛深圳市选拔赛第二名，广东省技能大赛第二名，广东省“3 进 1”选拔赛第二名。连续三次大赛第二名，让黄佳杰无缘世赛，也让他看到了自己的不足。“主要是技术水平和比赛经验的差距。”黄佳杰说。

“世赛赛场是技能人才都梦想站上的舞台，是展示自我技能水平的平台。”为了在这个舞台上一展身手，黄佳杰不断弥补自身不足，为参加第 47 届世赛做足准备。

“技术方面，知识面要拓展到各个相关领域。机器学习、微服务、大数据、人工智能……涉及的面比较广，在很长一段时间里，我都在不断学习新知识。”黄佳杰回忆道。

2024 年 3 月，黄佳杰终于在国家集训队中脱颖而出。历经 5 年的训练和坎坷，他拿到了参加第 47 届世界技能大赛的入场券。

冠军陪练　苦练硬功夫

在深圳技师学院世界技能大赛云计算项目中国集训基地最里面的角落，摆放着两台电脑。

从 2024 年 3 月收到参加世赛的通知，到同年 9 月出征前，黄佳杰每天都会坐在这两台电脑前，进行 14 个小时的训练。

云计算是一个紧跟时代潮流的项目。不断进步的技术，让该项目的内容设置充满了不确定性，也给黄佳杰的备赛带来了一定难度。

一个冠军的背后，总有一支强大的教练团队，黄佳杰也不例外。

学校拥有一支出色的教练团队，还有来自华为、腾讯等大企业的工程师，他们为黄佳杰制订了详细的训练计划。

在黄佳杰的教练团队中，有一位特殊的教练，他便是 2022 年世界技能大赛特别赛云计算项目冠军，也是中国首位云计算世赛冠军陈新源。

“世界冠军给你做陪练，”面对大家的调侃，黄佳杰非常珍惜陈新源的点拨，“陈教练积累了丰富的比赛经验，他帮助我制订了充分的训练计划，突破专项技能，解决了训练中遇到的问题。”

此外，教练团队安排黄佳杰参加国际邀请赛，通过以赛代练的方式，让黄佳杰提前适应世赛节奏，积累赛场经验，了解对手水平，提高临场应变能力。

知己知彼　终圆金牌梦

云计算一直是深圳技师学院的王牌项目，这既是优势，也是压力。“以前学校拿过金牌，所以各方包括自己都希望能蝉联金牌。”黄佳杰回忆道，“压力就是动力。比赛前比较紧张，比赛开始就不紧张了，全程都发挥得很好。”

本届世界技能大赛云计算项目共分为故障排除、架构完善和完成系列任务 3 个模块，比赛持续 3 天，共 18 个小时。选手需要根据题目接受订单并制作成品，排除操作过程中遇到的问题，保障网络安全。

云计算项目赛程第二天是架构完善模块的比赛。按照竞赛规则，组委会应在上午 9 点准时发送相关数据给参赛选手。

然而，在比赛当天，直到上午 9 点半，组委会才把数据发过来，也没有官员前来解释发生了什么状况，这一意外情况打乱了黄佳杰的比赛节奏。

“通常情况下，我会在阅读题目的时候决定做题的步骤和顺序。如果数据在 9 点钟就发过来，我会优先做好数据平台建设。”黄佳杰说。

面对突发状况，黄佳杰果断决定，改变操作顺序，调整各阶段的优先级……

这一小插曲并未影响黄佳杰整体的比赛心态和状态，他一路领先，最终登顶。

“永远不要低估一颗渴望冠军的心。”说到夺冠，黄佳杰自豪地说。这股不服输的劲头，5 年来一直推动着黄佳杰向更高的舞台、以更好的成绩迈进。

由于世界技能大赛只能参加一次，

已经成为一名教师的黄佳杰将下届夺金任务寄托在自己的学生身上："我现在已经建立了 4 个梯队，希望他们能在 2026 年上海第 48 届世界技能大赛中取得好成绩。"黄佳杰笑着说。

（记者　叶海晨　通讯员　杨小惠）

云计算项目团队

选手

黄佳杰	深圳技师学院教师

集训基地

江苏省常州技师学院
首钢技师学院
天津电子信息职业技术学院
深圳技师学院
成都东软学院

技术指导专家

刘　翔（组长）	上海工程技术大学电子电气学院计算机系主任、教授
丁国明	江苏省常州技师学院高级实习指导教师、高级技师
张建群	首钢技师学院高级工程师
王俊涛	阜阳技师学院高级讲师
苏翔宇	深圳技师学院高级讲师、技师

教练

吕轩民（组长）	江苏省常州技师学院高级讲师、高级技师
宫一凡	深圳技师学院高级讲师
徐玉清	上海理想信息产业（集团）有限公司高级工程师
孙　健	天津电子信息职业技术学院讲师
李　鑫	台州技师学院一级实习指导教师

翻译

高　美	上海南湖职业技术学院教师
孟　夏	深圳技师学院教师

在代码世界里“乘风破浪”

——记移动应用开发项目金牌获得者　马贞鹏

“领奖的那一刻，我把五星红旗披在身上，向全世界展示：看呐，这就是‘中国技能’，这就是‘中国青年’的风采！那一刻，将永远鲜活地留存于我的心间！”在第 47 届世界技能大赛上，广州市工贸技师学院教师马贞鹏一举夺得移动应用开发项目金牌，实现我国在该项目上的两连冠，荣耀卫冕。

荣耀的背后是汗水与坚持

每一块熠熠生辉的金牌背后，都隐藏着数年如一日的坚持与默默付出。

2018 年，初中毕业的马贞鹏中考失利，内心迷茫。在亲戚朋友的推荐下，他选择了广州市工贸技师学院的网站开发与维护专业。开学不久，学校就开始面向新生选拔世赛项目精英班学员，他毫不犹豫地报名参加。“这个契机让我的人生出现了崭新的奋斗目标，我想好好拼一把！”他暗下决心。

求学期间，马贞鹏见证了师兄杨书明的高光时刻。2022 年 10 月 17 日，在 2022 年世界技能大赛特别赛上，杨书明成为移动应用开发项目首个世赛金牌获得者。

杨书明的获奖经历，无疑为马贞鹏打了一针强心剂。他苦练技能，经过层层选拔，终于获得第 47 届世界技能大赛的参赛资格。留校任教的杨书明也成为马贞鹏冲击第 47 届世赛金牌的得力教练。

“备赛期间，我们发现马贞鹏打字速度非常快，每分钟能打约300个英文字母，但正确率并不高，总是打了又删、删了又打。这是一个非常不好的习惯，会给大脑增加不少负担，容易造成开发思路混乱。”杨书明说。

教练团队发现这个问题后，要求马贞鹏每天完成训练任务后，还要额外进行打字练习，要确保退格键按键次数不得超过总字数的10%。如果没有达到要求，就需要重新再打，直到满足条件为止。经过一段时间的纠正性训练，马贞鹏打代码的正确率得到了明显提高，开发效率也随之提高。

闪耀世界技能之巅

移动应用开发项目包括功能开发、原型设计、界面实现、功能开发与测试4个模块，要求选手在离线环境下进行。与往届世赛相比，本次世赛新增了实体手机设备，不仅工作任务量大，还设置了“陀螺仪操控”等一些特殊的技能点。

据马贞鹏回忆，比赛的第一天上午，他需要完成一个滑雪游戏的模块，该模块要求设计碰撞效果，滑雪小人撞到障碍物时游戏结束。然而，在开发过程中，碰撞算法出现了问题，导致小人无法正常碰撞，直接穿过了障碍物。“这让我感到非常紧张，于是我决定先跳过这个功能，去完成其他部分。稍后，我重新审视并修改了算法，最终成功解决了这个问题。”

面对意外情况，马贞鹏也能冷静高效处理，这离不开前期的扎实训练。“就我参加的这个项目来说，首先必须具备非常扎实的基本功，要熟练掌握各个技能点。其次要思考出题方向，把可能的出题点都考虑在内，对曾经遇到的难点进行梳理并逐一解决。只有这样，才能在世赛赛场上从容应对。”马贞鹏说。

赛前，教练团队对技术文件进行科学分析，让马贞鹏在集训基地得到了充足的针对性训练，因此在正式比赛时，马贞鹏比较从容。

“在紧张激烈的比赛过程中，除了精湛的技术之外，最为重要的无疑是良好的心态。在比赛关键时刻，专家、翻译、教练一直坚定地站在我旁边，他们的目光中满含着期待与鼓励，让我在比赛的压力下感受到了强大的支持和力量。”马贞鹏说。最终，他凭借稳定而出色的表现，成功夺得移动应用开发项目的金牌。

“我从传统意义上的‘后进生’成长为世赛冠军，这种转变和经历，让我对‘技能成才、技能报国’这一理念有了更为深刻的感悟。”马贞鹏说。

带着光荣与使命继续前行

载誉归来后，马贞鹏肩负起一项新使命。“我准备把在世赛中积累的宝贵经验毫无保留地传授给师弟师妹们，包括比赛技巧、抗压方法、规则洞察及良好心态诀窍等。希望有助于他们在竞赛中取得佳绩、收获荣耀，在行业领域有所建树，实现人生价值。”马贞鹏说。

广州市工贸技师学院副院长陈海娜表示，接下来，学校将持续开展世赛标准研究和成果转化工作，将世赛标准与高超工艺融入教材、教学和评价标准，实现以赛促教、以赛促训、以赛促学，持续放大世赛对于学校泛专业人才培养的“乘数”效应。

（记者　王东丽）

移动应用开发项目团队

选手

马贞鹏	广州市工贸技师学院教师

集训基地

广州市工贸技师学院
上海出版印刷高等专科学校
嘉兴技师学院
福建船政交通职业学院
山东劳动技师学院
新疆生产建设兵团兴新职业技术学院

技术指导专家

蔡立勋（组长）	天翼视联科技有限公司部门总经理助理
蒋　琳	哈尔滨工业大学（深圳）特聘研究员、副教授
刘　优	广州市工贸技师学院训练中心主任、讲师
郝全庆	淘宝（中国）软件有限公司无线开发专家
陈立准	广州市工贸技师学院高级讲师

教练

陈立准（组长，兼）	广州市工贸技师学院高级讲师
郑志娴	福建船政交通职业学院副教授
马平川	上海出版印刷高等专科学校高级讲师
彭福荣	山东劳动职业技术学院讲师
孙　伟	嘉兴技师学院高级讲师
孙友华	新疆生产建设兵团兴新职业技术学院副教授

翻译

曾慧姮	广州市工贸技师学院教师
周宜含	广东邮电职业技术学院教师

时尚前沿的织梦者

——记时装技术项目金牌获得者 周芹妃

画图、打版、裁剪、制作……每一次裁剪，每一次车缝，都在布料上创造着无数种精妙的可能。一裁一剪，针线翻飞间，一条女士半裙便在周芹妃手中“绽放”。

4 天、4 个项目、18 个小时，击败 24 个国家和地区的选手，来自广州市白云工商技师学院的年轻女孩周芹妃，代表中国队获得第 47 届世界技能大赛时装技术项目金牌，实现了我国选手在世赛这一项目中的“四连冠”。

坚持不懈 走上“设计路”

2019 年，周芹妃进入广州市白云工商技师学院，开始系统学习时装设计，她一直渴望有机会去验证自己的知识和技能。

“从小就喜欢画画，经常对着电视上的时装秀，给我画中的人物设计漂亮衣服。”谈

起自己为何选择走上时装设计这条道路，周芹妃说。

“其实这个专业有很多人学习时间比我长，基础比我好，但能坚持下来的人并不多，”被问到有什么特别的训练方法时，周芹妃提到最多的就是坚持，“工作间里的人一天比一天少，而我却在一天比一天进步。”

凭借出色的设计能力，周芹妃很快进入了省级选拔赛。她先后参加了第46届世界技能大赛时装技术项目广州市选拔赛、广东省选拔赛、第一届全国技能大赛时装技术项目广州市选拔赛、广东省选拔赛，但都只获得了第二名的成绩，无缘世赛。“我的目标一直是冠军，做就要做到最好”，周芹妃更加坚定了奋起直追的信心和决心。

2023年5月，周芹妃参加第47届世界技能大赛广东省选拔赛并荣获第一名。同年，她代表广东省参加第二届全国技能大赛并获得第一名，成为国家集训队的一员。“这个冠军对我来说意义非凡，终于摆脱了‘千年老二’的称号，证明我是有实力的。”

紧张备战　成就“大心脏”

在世界技能大赛中，时装技术项目每个国家和地区的参赛名额只有一个，这意味着要想代表中国参赛，周芹妃就要先成为中国的冠军。

因为对细节的追求，让周芹妃的作品总是格外出众，而代价就是要付出比别人更多的努力。在高强度的集训过程中，周芹妃的身体和心理压力都达到了极限，焦虑和压力快速积累，让周芹妃心里泛起层层波澜。

“连续3天都做到凌晨三四点，压力大的时候回宿舍偷偷哭。”2024年春节，也是备战国家队“5进1”选拔赛的关键期。竞争激烈，时间紧迫，周芹妃只给自己放了三天假，就赶回学校，每天泡在工作间里，埋头苦练。

在全国选拔赛中过关斩将，让周芹妃进一步掌握了扎实的理论知识，增加了实操经验。在经历了激烈角逐和层层选拔后，周芹妃在重重比拼中脱颖而出，拿到了第47届世界技能大赛的入场券。

圆梦世赛　传承“技能梦”

在时装技术项目中有4个模块，比拼的分别是款式设计、打版排料、立体裁剪、成衣制作。这些技能放在一个服装企业中，需要一个团队分工完成，而在比赛中，全部需要选手一人独立完成。与此同时，比赛还要考验选手们的时间把控、临场发挥以及处理突发事件的应变能力。

“一开始非常紧张，我甚至不敢相信自己的眼睛，反复读了三遍题目，生怕自己理解错误，”本次比赛试题的难度之大，让包括周芹妃在内的全场选手惊呼，“车缝机和训练时用的不一样，面料也比较陌生，考核内容增加，时间却缩短了，这些因素都增加了难度，这也正是时装技术项目最具有挑战和魅力的地方。”

日常训练中磨炼出的优秀心理素质，让周芹妃快速调整心态，从容操作，平时的刻苦训练，此刻发挥了作用。将布料熨平备好，在人体模特上准确标出结构线，然后将裁剪出的小块布料用大头针固定到人体模特上，整个过程一边裁剪，一边固定，随时观察，不断调整。周芹妃凭借扎实过硬的基本功，闯过一个又一个难关，在高手如云的世赛赛场上赢得了最终胜利。

在获得世界技能大赛冠军后，有企业曾向周芹妃抛来橄榄枝，希望高薪聘用她为时装设计师和培训师。然而，年轻的周芹妃却拒绝了所有邀约，冷静地思考自己的未来，最终她选择留校任教，成为广州市白云工商技师学院的一名教师。

“一路走来，对我影响最大的就是彩云师姐。”当初在选择学校和专业时，周芹妃就是因为看到第45届世界技能大赛时装技术项目冠军温彩云的一张海报，深受影响，开启了世赛之旅。如今，她也想用热爱点燃热爱，从“追梦人”成为“引路人”，“我希望自己也能像师姐一样影响更多的师弟师妹们走上技能成才、技能报国的道路。”

（记者　颜珺）

时装技术项目团队

选手

周芹妃	广州市白云工商技师学院教师

集训基地

北京市工贸技师学院
泉州轻工职业学院
河南技师学院
广州市白云工商技师学院
重庆市工贸高级技工学校（重庆工贸技师学院）

技术指导专家

李　宁（组长）	中央美术学院副教授
金　丽	北京金典今服装中心服装制版师高级技师
夏景杰	衣加（北京）服装文化传播有限公司服装制版师高级技师
江少容	广州市白云工商技师学院校长助理、高级技师
马小锋	重庆工贸高级技工学校经贸系主任、高级讲师

教练

徐　斌（组长）	北京市工贸技师学院教师、正高级实习指导教师
胡　萍	北京市工贸技师学院教师、高级讲师
姚林英	平湖市职业中等专业学校教师、正高级讲师
王明飞	河南技师学院教师、副高级讲师

翻译

杨俊鹏	江苏省常州技师学院教师
肖婷婷	江苏省徐州技师学院教师

切、磋、琢、磨　造就技能“明珠”

——记珠宝加工项目金牌获得者　张宇鹏

“我用自己的表现证明，中国在珠宝加工行业中处于领先地位。”当地时间 2024 年 9 月 15 日，在法国里昂第 47 届世界技能大赛的体育场，获得珠宝加工项目金牌的中国选手张宇鹏激动地说。

从获得市级比赛铜牌、国赛银牌，再到此次在世赛中获得金牌并领先第二名 17 分，实现中国在该赛项上金牌“零”的突破。这位从农村走出来的孩子，希望用自己的故事告诉其他有志青年——技能成才不是梦。

从“坐不住”到“静下心”

2017 年，张宇鹏进入北京市工艺美术高级技工学校珠宝加工专业就读。张宇鹏回忆道，在填报志愿时，他看到一些学长能做出精致的首饰，毕业之后也有不少收入，立即决定报考这个专业。“当时觉得学珠宝意味着‘能挣钱’。但通过深入学习后，我发现这门技艺博大精深，饱含着丰富的技能与艺术之美。”张宇鹏说。

世赛珠宝加工赛项要求参赛者使用贵金属材料，通过锉削、镂空、锯切、焊接等技术，在规定时间内完成珠宝组件的加工和维修操作，组装出珠宝成品。

“这要求参赛者不仅需要解读组件或珠宝首饰图纸，制作贵重合金金属，熟悉切、锯和塑形金属片等技能，每一个环节都需具备极高的准确度和技巧，还要求选手在造型能力、焊接技术、尺寸精度控制等方面都有出色的表现。”张宇鹏说。

张宇鹏说，“坚持”和“精细”是他在平时训练中最看重的东西。在比赛中，选手们拿到同样的图纸、同样的材料，要在规定的时间内制作出首饰。由于需要用到焊接技术对组件进行加工操作，选手需要长时间静坐练习，熟练应用技能。

坚持不懈的努力，让张宇鹏一路过关斩将，直到成为世赛种子选手。

“刚刚开始，别急。”在第二届全国技能大赛上夺得一块银牌后，张宇鹏这样告诉自己。他早已把目光放在了法国里昂第 47 届世界技能大赛上。

随后，他经历了三个阶段的国家队集训、多轮模拟赛，最终在国家队“5 进 1”的集中选拔赛中以高出第二名 6 分的优势，获得代表中国走上世赛赛场的资格。

突破自我　克服困难

本届世赛的珠宝加工项目，80% 考验选手的动手能力，20% 考验选手的设计能力。试题仅仅给出鸟、湖泊等几个简单的元素，没有明确造型的具体模式，选手需要提炼出其中蕴藏的艺术风格，并融入自己的设计理念。

“这或许是我目前接触到最难的一份考题。”张宇鹏说，这次比赛的工作量非常大，甚至超过了平时训练的量。

在世赛现场，珠宝加工是最受观众欢迎的赛项之一，选手的工作台旁边挤满了想一探究竟的观众。与其他选手时而蹙眉、时而停顿不同，张宇鹏的动作一直没有停下来，

他的注意力完全集中在手中的工具上，一点点镂空、雕刻、焊接……

鸟型发簪，是张宇鹏设计出来的精美作品。鸟的尾部被设计成三片花瓣，寓意着少年、中年和晚年的三个人生阶段。随着比赛一天天过去，张宇鹏的作品逐渐成型，在他的工位旁聚集的观众越来越多。看到其他选手比赛步调逐渐滞后，张宇鹏意识到，他可能是第一个完成比赛的选手。

"我告诉自己，不要着急。越是临近完成，越要仔细检查，不留遗憾。"张宇鹏说。比赛的最后几个小时里，他不断地检查、调整，最终，他成为全场第一个，也是唯一一个完成比赛赛程的选手，赢得了裁判和观众的一致好评。

新规则、新试题、新难度，不断考验着选手的技术和心态。"能够克服这么多的困难，力拔头筹，确实不容易。"回忆起比赛时的场景，张宇鹏说。

传承技艺　立定标杆

在世赛闭幕式现场，张宇鹏难以抑制兴奋之情。

"感谢我的团队、我的师傅，中国珠宝加工世界第一！"张宇鹏说，这块沉甸甸的金牌代表着至高荣誉。

从领奖台上走到台下，赛后的张宇鹏现在已是北京市工艺美术高级技工学校珠宝设计与制作专业的教师。对如今的他而言，把自己的技能成才故事分享给其他有志报考珠宝加工专业的学生，把自己的技艺传授给更多人，让更多人接触和了解珠宝加工行业，是他接下来的目标。

"虽然得到了世界技能大赛的认可，但是珠宝加工行业仍然很小众。我想要成为行业标杆，像我的教练一样，解决实际问题，为学校和社会做出贡献。"张宇鹏说，希望自己获得的这枚金牌能引起更多关注，吸引更多青年从事这个行业。

（记者　赵泽众）

珠宝加工项目团队

选手

张宇鹏	北京市工艺美术高级技工学校教师

集训基地

广州南华工贸高级技工学校
北京市工艺美术高级技工学校
吉林省工程技术学校
上海谊信新型技师学院
中国地质大学（武汉）珠宝学院
四川文化产业职业学院

技术指导专家

邹宁馨（组长）	北京服装学院教授
吴华洲	广州南华工贸技师学院副校长、高级工程师
袁长君	北京市工艺美术高级技工学校高级工艺美术师
吴小军	广西民族大学艺术学院教授

教练

宁水清（组长）	广州南华工贸技师学院高级技师
陈福玲	上海信息技术学校讲师
赵恺月	北京市工艺美术高级技工学校高级讲师
梁大钊	广州市永泰莱珠宝有限公司研发总监
王泽丹	北京常然珠宝艺术有限公司经理
沈荣锋	美靓（上海）珠宝有限公司总经理

翻译

鲍　诚	天津市电子信息技师学院教师

磨炼顶尖技艺　展示青春力量

——记商品展示技术项目金牌获得者　姚妮君

法国里昂，当地时间 2024 年 9 月 15 日晚，第 47 届世界技能大赛闭幕式现场，中国代表团年龄最小的参赛选手姚妮君在欢呼声中踏上了最高领奖台。

这位来自广东省轻工业技师学院的 18 岁女孩，凭借着自我超越的奋斗精神和坚韧不拔的青春力量，为中国代表团拿下了商品展示技术项目这枚此前从未获得过的金牌。

跨越专业　面对挑战

姚妮君出生于广东肇庆，她与世赛商品展示技术项目的结缘有些偶然。

“我本来学的是服装设计与制作专业，对于世界技能大赛一开始并不了解。因为陪着一个朋友去商品展示技术竞赛班面试，看了许多作品，我突然被吸引了。”姚妮君这样描述自己和世赛的不期而遇。之后，她也到竞赛班进行了面试，并成功入选。

对于这次专业的跨越，姚妮君虽有所准备，然而需要她付出的努力远比想象的更多。商品展示技术项目要求选手在规定时间内，按照商家的要求，根据现场提供的耗材工具，完成橱窗设计和商品展示，达到吸引目标客户、提高商品销量的目的。

对于姚妮君而言，从服装班转过来，打下的底子还是有帮助的。“经过服装班的学习，我对色彩和搭配比较敏感。”然而商品展示技术竞赛班是另一个天地，橱窗和展台的搭建制作是一个更需要手工作业的领域。从此，姚妮君不得不面对锤子、曲线锯等工具。“这看起来就像是男生的工作，每天要切割各种材料，衣服和头发都是灰尘和油漆，浑身脏兮兮的。”姚妮君告诉记者。

超越自我　追逐梦想

2024年4月，姚妮君通过国家队选拔，获得了代表中国参加世界技能大赛的资格。

从那一刻起，她的目标只有一个，就是拿到中国人还从未获得过的世赛商品展示技术项目金牌，实现“零”的突破。

重任在肩的姚妮君进入了更为艰苦的备赛期。“每天十几个小时的训练，到凌晨两三点是常有的事。”虽然要承受身心的双重考验，但是为了来之不易的登顶机会，姚妮君以惊人的毅力坚持训练。针对同一个商品主题，她能做出十多个不同作品。每天艰苦的训练之后，她还要进行体能训练，健身器材、塑胶跑道、瑜伽垫和八段锦都成了她的“朋友”。

姚妮君对项目的认识也开始深化。“之前我觉得能够将自己的想法做出来非常有成就感，慢慢地我认识到这个项目更看重能不能阐述产品的内涵，作品中能传递出怎样的情感和情绪，从而使商品更容易被消费者所接受”。

实现金牌“零”的突破的时机，已经成熟。

青春力量　圆梦里昂

2024年9月5日，姚妮君随国家队出征法国，正式踏上世界技能大赛征程。出发前一天，她才刚过完18岁生日。

竞技场上风云变幻，影响比赛结果的因素比比皆是，想要圆梦世赛谈何容易。

电脑突然死机，已经编辑好的设计原始文件丢失，不得不花费更多的时间补救；画笔竟然画不出线条来，一时间不知所措；选手彼此可以看到赛况，有些进度不佳的选手当场痛哭，赛场气氛紧张压抑；饮食不习惯，只能回酒店煮泡面吃……

面对所有这些难题，姚妮君并非没有过煎熬甚至短暂崩溃的时刻，但扎实的赛前集训让她拥有了坚韧的心理素质和强大的调适能力，使她始终保持专注，把所有力量都用到作品上。

此次比赛的题目是为法国某品牌深海精华系列护肤品制作橱窗。“我以失落的文明亚特兰蒂斯海底城市为主题，契合了主办国的文化背景和审美取向。”姚妮君谈起参赛作品，语气十分满意。橱窗里，以海洋的蓝色和粉色为基调还原了亚特兰蒂斯遗址，两条蓝色魔鬼鱼在 C 形的海浪中遨游，完美地阐释了护肤品天然纯净而又神秘浪漫的气质。

738 分！最终，姚妮君脱颖而出，赢得了中国在世赛这一项目上的首枚金牌。

“我目前还是一名学生，主要的精力和目标仍然是在学习深造上。”从世赛金牌得主的光环中走出，姚妮君更为成熟、不乏清醒。

技能中国的青春力量，蓬勃成长，来日方长。

（记者　李明宇）

商品展示技术项目团队

选手

姚妮君	广东省轻工业技师学院学生

集训基地

广东省轻工业技师学院
北京市工贸技师学院
上海工艺美术职业学院
江西技师学院
郑州技师学院
甘肃工商技师学院

技术指导专家

雷　鸣（组长）	广州美术学院教授
谭志丽	广东省轻工业技师学院高级讲师
林　荫	广州美术学院副教授

教练

林　荫（组长，兼）	广州美术学院副教授
孙楚杰	广东省轻工业技师学院技师
王焕波	北京市工贸技师学院教师
金　澜	上海工艺美术职业学院副教授
吴丹平	广东省轻工业联合会技师
刘俊伟	长江职业学院教师
陈嘉荣	广东省轻工业联合会技师
胡蓝予	宁波第二技师学院技师

翻译

罗占华	中国建筑第五工程局高级技工学校教师
马粤琪	广东省轻工业技师学院教师

从“游戏少女”到世界冠军的“升级闯关”之旅

——访 3D 数字游戏艺术项目金牌获得者　巫妍婷

北京时间 2024 年 9 月 16 日凌晨，第 47 届世界技能大赛在法国里昂闭幕，来自重庆的选手巫妍婷获得 3D 数字游戏艺术项目冠军。这是继 2022 年世界技能大赛特别赛之后，中国队蝉联该项目的金牌。巫妍婷，这个从重庆工商职业学院走出来的 22 岁女孩，身披国旗，一路小跑站上了世界技能大赛的最高领奖台。鲜花和掌声的背后，是一名“游戏少女”一路“升级闯关”直到荣膺世赛冠军，不断超越自我、追求卓越的奋进之旅。

把兴趣转变成技能　凭的是一股子钻劲

“一开始，就只是觉得游戏好玩。后来，在玩游戏的时候，我就会不自觉地考虑每个游戏到底是怎么做出来的。产生这种想法的过程，就像平时吃饭、睡觉一样自然。因此，后来我就有针对性地选择了在 3D 数字游戏艺术项目方面深耕。”巫妍婷说。

正是在强烈的好奇心和一股子“钻”劲的求知欲驱使下，巫妍婷真正从游戏的闯关升级进入到游戏内在的编程制作。

不了解不知道，一了解吓一跳。当巫妍婷作为一个游戏制作的“小白”进入真正的游戏制作领域后，她才发现，原来每一款游戏背后，甚至每一个游戏人物形象的背后，都有着复杂的编程语言和独特的美术设计元素在里面。

“真正进入这个领域后，我才发现从玩游戏到设计游戏，必须熟悉游戏的整个生产流程，要求你既要懂美术，又要懂编程逻辑。”

面对游戏制作的复杂性和高要求，巫妍婷并没有退缩，而是选择沉下心去苦练基本功。

“兴趣是最好的老师，我对游戏设计有着浓厚的兴趣，所以我也特别爱钻研游戏模块的每一个细节，沉浸其中，享受快乐。”巫妍婷说。

把坚持变成习惯　拼的是一股韧劲

巫妍婷的韧劲，体现在日复一日地坚持钻研和训练上。

“每天的训练大概是从早上 9：00 到晚上 9：00，除去吃饭的时间，就是 10 个小时。因为我觉得这个赛项不是一个按照肌肉记忆进行的赛项，白天这 10 个小时其实是我的脑子转得最快的 10 个小时，再长的话，就没灵感了。”巫妍婷说。虽然备赛很辛苦，需要充分利用时间，但是她也知道把坚持转变为习惯的重要，每天雷打不动的 10 个小时的高效训练，最终使她在世界技能大赛赛场上游刃有余。

巫妍婷介绍，3D 数字游戏艺术项目主要包括概念设计、3D 建模、模型展开与绘制贴图、绑定动画与引擎输出 4 个模块，而在游戏公司，这 4 个模块会被分成若干个工种，也就是说，世赛选手基本可以实现“一个人就能做出一款游戏”。

能把多个工种的业务都掌握，不仅需要天赋和拼搏，更需要常年的坚持训练和钻研。巫妍婷虽然才 22 岁，但是她身上的专注和韧劲，让人感觉她有着超越年龄的成熟和稳重，这对于参加世界技能大赛来说是非常宝贵的品质。她的教练余平也认为，巫妍婷最突出的优秀品格就是沉稳、冷静，这对她在关键时刻能分析和拆解赛题内容并快速完成起到重要作用。

把颠覆转变为创新　靠的是一种冲劲

获得参加世界技能大赛的资格，巫妍婷知道，这仅仅是拿到了入场券，想要在这样的高规格比赛中拔得头筹，仅仅靠拼搏和钻研是不行的，还得有一股子冲劲，要敢于突破传统思维定式，打破自己固有的创作习惯和思路，构建起全新的适应大赛要求的创新思维模式。

巫妍婷给记者举例说，本次大赛的第一个模块，就给了所有选手一个“下马威”。赛题是要求选手设计一款未来世界概念化食品卡车，加入赛博朋克的元素，并且制作出一款可以操作的赛车游戏。这就要求选手必须具有创新思维和独特的设计理念。比赛中，巫妍婷的心态非常平稳，迅速在脑海中汇集以往训练过的类似题目，并在极短时间内就想出来非常有特点的创意，而且她的手速也非常快，作品的完成时间和完成度都遥遥领先其他选手，最后她的作品也获得了评委们的高度认可。

辉煌属于过去，虽然头顶世赛冠军的光环，但是巫妍婷还是一如既往的淡定、从容，下一步她将要作为一名老师加入学校的教研队伍，继续培养相关的技术技能人才。

青春不游戏，青春只因奋斗而出彩。这句青春格言，让这位“游戏少女”一路闯关，走上世界技能大赛冠军的巅峰，而她的奋斗之旅，其实才刚刚开始……

（记者　王永）

3D 数字游戏艺术项目团队

选手

巫妍婷	重庆工商职业学院教师

集训基地

上海出版印刷高等专科学校
北京市新媒体技师学院
宁波第二技师学院
深圳技师学院
重庆工商职业学院
广西机电技师学院

技术指导专家

叶维中（组长）	上海国际计算机图形图像学会主席
张　波	上海出版印刷高等专科学校科研处处长、教授
徐　瑛	宁波第二技师学院副院长、高级讲师
周　烽	深圳技师学院教师

教练

叶维中（组长，兼）	上海国际计算机图形图像学会主席
吴　伟	上海维塔士电脑软件有限公司全球游戏角色艺术发展总监
魏　铭	上海育碧电脑软件有限公司美术总监
陈思婕	上海出版印刷高等专科学校讲师
王立莹	畅游云端（北京）科技有限公司美术指导
洪箐临	上海市技师协会数字创意专委会秘书长
许旭东	上海逸夫职业技术学校教师

翻译

余泓达	贵州交通技师学院教师
王一青	上海出版印刷高等专科学校教师

做面包也要做到“世界第一”

——记烘焙项目金牌获得者　李骏飞

艺术面包制作完成后，意味着烘焙项目所有比赛都已结束。在法国里昂第 47 届世界技能大赛烘焙项目的赛场上，李骏飞抬起头，看向比赛区外围观的各国观众，以及比赛区里聚起来的裁判。有人鼓掌，有人欢呼，有人吹哨……李骏飞向场外鞠躬致意，信心满满地走出了赛场。

两天后，闭幕式现场，李骏飞得知自己获得烘焙项目冠军。他跃上最高领奖台，身披国旗，脖子上挂着金牌。

烘焙项目中国集训队教练组组长龚鑫说：“李骏飞的表现证明，做好面包，也能站上世赛最高领奖台。学好文化课是一条铺满鲜花的路，学习技能也是一条康庄大道。”

爱上烘焙　从烘焙店小工到技校学生

16 岁离开学校后，李骏飞干过服务员，当过烘焙店的学徒。在烘焙店的 3 年时间，他喜欢上了烘焙，想去学校深入学习。

经过多方了解，他最终锁定苏州市吴中技师学院，顺利成为2022级烘焙班的一名学生。

来到学校后，他感觉自己真正在学习做面包。“学校的场地大，原材料多且品质好。我可以在操作台上肆意发挥，感受工具和原材料碰撞的乐趣。”

在老师的指导下，他一路过关斩将，斩获第47届世界技能大赛江苏省选拔赛金牌，取得第二届全国技能大赛的参赛资格。

准备国赛期间，李骏飞对自己的要求是一周休息一天，每天训练10 ~ 12个小时。项目一做就是8个小时，他常常忘了吃午饭。

最终，他在国赛上斩获金牌，获得进入国家集训队的资格。

潜心训练　从全国基地到法国巴黎

集训期间，选手们要在早晨8点半前到达操作台。李骏飞往往提前一个半小时到达。他先领取、整理烘焙原材料，再根据试题做准备，然后投入训练。每天十一二个小时的训练，对他来说是常态。龚鑫说，李骏飞的动手能力非常强，这与他每天都多练习几小时有关。

比赛时间越来越近，李骏飞提前到法国适应比赛环境和场地设备。他和教练、队友一起游览了凯旋门、卢浮宫、塞纳河，参观了当地的面粉厂、烘焙店。在异国他乡感受当地的历史文化后，李骏飞对比赛中的面包造型有了新想法。“我要将中国文化巧妙地融入到我的作品中。此外，合理使用法国元素，会让作品更受欢迎。”

获得冠军　从做烘焙“建筑师”到立志做老师

2024年9月11日，李骏飞正式站上世界技能大赛烘焙项目的竞技场。

比赛中，他并不紧张，只顾拿着工具做面包。不少观众在他的操作台前驻足，他全然不知，专注于手上的材料与工具。

比赛项目之一是艺术面包，要求做成80厘米高的巴黎埃菲尔铁塔造型。

他很快选好了原材料和工具。比赛前，他和教练团队就决定采用中国传统文化的瑰宝——

榫卯结构。他曾在网上看到一款巴黎埃菲尔铁塔的积木，就是榫卯结构的，便买了回来。这个积木的高度恰好是 80 厘米左右，李骏飞比照积木练习过很多次，最终一比一还原到面包造型上。

他不慌不忙，拿起糖勺，舀出艾素糖（一种食糖替代品），用小锅慢慢熬煮，让其溶化。利用这段时间，他整理配件，将它们按照使用顺序排列好。

“这是第一层，这是第二层，这是第三层……”李骏飞在心里过了一遍流程。时间有限，不能出错。他一层一层地搭建榫卯，用糖做“媒介”，将面包的各个部分精准地拼接在一起。

终于，他完成了！

李骏飞退后一步，审视作品：以白色“塞纳河”为界，上部是“埃菲尔铁塔”，四周环绕着“凯旋门”“巴黎圣母院”“巴黎大皇宫”等著名建筑，塔身印刻着多国语言的“我爱你”，法国国花鸢尾花与和平鸽相互呼应；下部是这些建筑在“塞纳河”中的倒影，与上部主体一一对应。李骏飞心想，就是它了！

宣布结果的那个晚上，李骏飞一直在场下等待。他觉得自己做得不差，但也知道，在世赛的赛场上，选手们的作品各有特色。直到被工作人员叫走，他还不知道自己是第几名。“我很高兴，被叫到领奖台，就说明能拿奖牌。”

李骏飞高举国旗，并用力举到最高处，直到听见获得第一名的是自己。他高昂着头，用尽全力，想把国旗举得更高。

颁奖仪式结束，他快步走到场外。他知道教练团队在那里等他。见到他，所有人都送上了大大的拥抱。当时，李骏飞脑子里闪过的是：我们中国，也能在西方国家的优势项目上扬眉吐气了！

结束赛事，回到中国。李骏飞的梦想一直没变——成为一名好面包师。世界技能大赛的荣誉，让他在这条路上可以走得更好更快了。但他说：“这远远不够。做更好的面包师，我还要继续提升技艺。”

毕业后干什么？“我会和我的教练一样，成为‘点灯人’，将技术、经验和感悟传授给更多青年，让他们感受烘焙的奥妙、体悟技能的魅力。”

（记者　季芸）

烘焙项目团队

选手

李骏飞	苏州市吴中技师学院学生

集训基地

苏州市吴中技师学院
涿州市技师学院
丹东市技师学院
东莞市技师学院
海南省三亚技师学院
云南冶金技工学校

技术指导专家

王　森（组长）	王森国际咖啡西点西餐学院正高级讲师
王　子	苏州焙端烘焙技术咨询服务有限公司技师
蔡叶昭	苏州市吴中技师学院高级讲师
周　斌	苏州焙创酵能咨询服务有限公司高级讲师

教练

龚　鑫（组长）	苏州市吴中技师学院高级技师
朋福东	苏州朋焙技术咨询服务有限公司正高级讲师
于　鹏	窑麦甄选面包商店高级技师
庄琼芳	东莞市技师学院高级讲师
林业强	苏州焙创酵能咨询服务有限公司高级技师
于焕楼	上海糕潮管理咨询有限公司高级技师

翻译

颜心澄	宁波技师学院教师
孙礼彤	安徽新东方烹饪高级技工学校讲师

让甜品更有中国范儿

——记糖艺 / 西点制作项目金牌获得者 刘欣茹

环顾四周，欢呼不停。抬眼望去，只剩第一名的站位是空的。刘欣茹听到“China”和自己的名字，一刻也不耽误，快速跑到领奖台上。

她跳跃、站立，展开手臂向两边，举起国旗。她觉得不够高，便把手臂举到头顶，让五星红旗能被更多人看见。

法国里昂，当地时间 2024 年 9 月 15 日，刘欣茹斩获第 47 届世界技能大赛糖艺 / 西点制作项目冠军，这是我国在该项目上首次摘金。

专业 兴趣是最好的老师

最初，刘欣茹一心只想选个将来好找工作的专业，她来到苏州市吴中技师学院学习电子商务。

半年后，学校首设食品烹饪专业。从小就喜欢在厨房捣鼓甜点、饼干、巧克力的刘欣茹，便想要转专业。

“你这个小姑娘怎么这么多主意？”当时，家长和班主任都不赞同。刘欣茹软磨硬泡，十分坚持。班主任只好让她先去适应一下。

买材料、放学后借教室、练习、打扫教室……看到刘欣茹乐此不疲，家长和班主任也渐渐明白，她是真的很热爱这个专业，便同意了她的选择。

2020年，学校选拔第二届全国技能大赛参赛选手。想成为一名专业选手，并非热爱就可以。“没有休息时间，也没有什么娱乐活动，就是泡在实训室，一直练。”终于，刘欣茹获得了代表学校和江苏省参赛的机会。

国赛中有一道赛题是做一款浸渍手工巧克力糖果。刘欣茹想要拿奖牌，就必须搞点新花样。她和教练商量后，决定制作一款立式巧克力。“它不是我们常见的方方正正或圆形的巧克力，而是挂边均匀、立起来的巧克力。产品设计难，做起来更难。”

练习时，总是不成功。巧克力不是不够光滑，就是原生色不足。“怎么做都不成功，即便特别注意教练说的关键点也不管用。有时我都想放弃不做了，一口把它吃掉算了。”

刘欣茹加练到凌晨一两点，这颗巧克力糖果终于做成了。

赛场上，刘欣茹拿出了自己最好的作品。她如愿获得冠军，进入世赛集训队。

比赛　要打有准备之仗

确定代表国家出战后，教练带着刘欣茹提前去了法国，感受当地天气环境，品尝水

果口味，并到比赛场馆参观，全方面做好备赛。

世赛比赛项目中有一个神秘模块，无法预测。“提前一天才告知比赛内容。这意味着无论练习制作什么甜品，配方、重量、形状等都可能更改。”这个模块注重考查选手的综合水平和应变能力。对此，刘欣茹底气十足。

走上赛场，刘欣茹看着场外观众，毫不紧张；她拿起材料和工具，心里有底；脑海里过一遍做法和流程，心如止水。

比赛主题是法国著名木偶剧《吉尼奥尔》。刘欣茹早有准备。她学习了法国木偶剧知识，决定用木偶戏中正义勇敢的化身——吉尼奥尔作为造型主题。

比赛要求选手做一个 1 米高的大型拉糖造型。刘欣茹严格按照训练流程操作：选好材料，调好熬制温度，熬糖，感知糖的软硬度，控制拉糖形状，拿起火枪和透明糖粘接……

训练时，刘欣茹有过大型作品倾倒侧翻的经历。这次，她吸取教训，加倍小心，精准拼接，吉尼奥尔正好站在作品中间。

做完后，她按照要求搬着作品绕场走一圈。作品重约 20 千克，她没觉得重，只管搬着它，大步向前，向场外观众展示，最后放在展示台上。

放下后，她又看了一眼作品，觉得很满意，便转身离开赛场。

闭幕式上宣布成绩时，刘欣茹的项目排在最后一组分类。她看着一名又一名中国选手领奖，既紧张又期待。

直到工作人员叫她，让她拿着国旗等待。“前三名肯定有我，”一会儿，第三名、第二名上去了，“我想哭，但忍住了，”她奔向领奖台，“我把国旗举得很高，想让大家看到，中国在西方国家的强项上拿下了这枚金牌。”

职业 成为梯队建设的一员

赛前，教练王森开玩笑地说，刘欣茹拿到冠军才可以叫他师傅。“我当时就在心里种下一颗种子，一定要拿冠军，叫他师傅。”

刘欣茹的教练，大多来自王森冠军联盟。他们长期参加法国、意大利、德国等国家的赛事比拼，拥有较为完整的技术解析与较强的人才培养塑造能力。“未来，我想加入教练的团队，将自己的经验与技术传授给需要的人，为行业发展和技能人才培养贡献一己之力。”

使命在肩，步履不停。眼下，刘欣茹正准备参加其他国际比赛，希望利用技能技艺传播中国的传统文化。“糖艺 / 西点制作是从欧洲传过来的，最开始我们学习、模仿他们。现在，我们有了自己的想法和创意。我经常把孙悟空、熊猫、敦煌等元素加入作品，制作具有‘中国范儿’的糖艺 / 西点。”

将来回到学校，刘欣茹会投身选手指导和人才培养工作。“就像教练带我一样，对新理念、新技术、新手法，我肯定倾囊相授。”

（记者　季芸）

糖艺 / 西点制作项目团队

选手

刘欣茹	苏州市吴中技师学院学生

集训基地

北京轻工技师学院
浙江商业技师学院
江西省工贸高级技工学校
武汉市第一商业学校
中山市技师学院
宁夏新东方技工学校

技术指导专家

黎国雄（组长）	广州市启焙食品有限公司总经理、高级技师
干文华	上海市现代食品职业技能培训中心高级技师
张　磊	北京轻工技师学院正高级讲师
高晓龙	中山市技师学院高级讲师

教练

韩　磊（组长）	苏州魔厨食品技术有限公司正高级讲师
王超南	北京轻工技师学院高级讲师
王　胜	苏州市吴中技师学院技师
黎彩平	中山市技师学院高级讲师
常福曾	武汉市第一商业学校高级讲师
吕浩然	苏州市吴中技师学院高级讲师

翻译

廖　影	广州市轻工技师学院竞赛中心副主任、高级技师
马　艳	江西省工贸高级技工学校教授

“技”辟蹊径 “能”战世界

——记烹饪（西餐）项目金牌获得者 康邦成

本可以承父业、当“霸总”，却要学烹饪、逐梦想；本可以上普通高中、读大学，却要进职校、“毁前程”；本可以留校任教、有编制，却要开餐厅、搞创业……在一个个看似“离经叛道”的选择中，康邦成始终听从内心的呼唤，不挤高考“独木桥”，坚定地朝自己选择的“窄门”走去，最终夺得第47届世界技能大赛烹饪（西餐）项目金牌，成功站上“世界技能之巅”。

缘起 不想成为“学习机器”

当年中考，康邦成的成绩是600多分，超过了宁波市重点高中分数线。但经历了初中三年高强度的学习后，他想换一种“活法”。

“初二时，我从全校前100名退步到倒数100名，虽然后来赶了上来，但是每天只睡五六个小时，最后也没能达到在重点高中名列前茅的程度，”康邦成坦言，“但当我做好饭菜给家人吃时，家人会立刻表扬我。因此，我就越来越喜欢烹饪。”

康邦成的爷爷及父亲都是企业家，极力反对他读职校，但他不为所动。2018年，康邦成决定进入宁波市古林职业高级中学学习西餐烹饪。这里是世界技能大赛烹饪（西餐）项目的中国集训基地，教师都是从国外聘请的专业西餐大师。一开始，康邦成学习的就是最正宗的西餐做法。

在职校就读的第一年，康邦成同样要上文化课，学习烹饪相关的理论知识、熟记食材种类、练习土豆和萝卜切丝等基本技能。高二时，因综合素质突出，班主任推荐康邦成加入学校的竞赛队，备战各类赛事。

奋进　向技能之巅冲锋

2019 年 12 月 23 日，刚过完 17 岁生日的康邦成就在宁波市职业技能大赛中获得了烹饪（西餐）项目第一名。2020 年 12 月，康邦成摘得第一届全国技能大赛烹饪（西餐）项目金牌，一时间备受关注。

为了养成良好的操作习惯，康邦成每次练习都会以世赛标准自我加压；为了让口味更正宗，他跟随教练辗转欧洲和澳大利亚等地学习交流；为了精进中式刀工，他还专门拜师学艺。

“比如，师傅会让我一上午给 50 只鸡剔骨，一下午给 10 多条三文鱼剔骨。最开始，我给一只鸡剔骨需用时 20 分钟，到最后只需要两三分钟。”康邦成说。

2024 年 3 月，康邦成获得世赛参赛资格。此前，中国选手在这个项目的最好成绩是铜牌，金、银牌长期被欧洲选手垄断。

备赛的第一个难点是模拟现场环境进行练习。气温高低、空气干湿程度、场馆是否开空调……针对每一个细节，康邦成及教练团队都做了多项准备方案。

第二个难点是比赛任务量成倍增加。本届世赛烹饪（西餐）项目共分为基本功测试、热餐、冷餐、休闲餐 4 个模块，70% 的题目都与往届不同，且任务量成倍增加。

“第一次模拟练习休闲餐模块时，原本应该在 3 个小时内备完的餐品，我花了 11 个小时，心理压力非常大。”康邦成说，为此，教练团队不断降低菜品的难度，将一些不会影响分数的内容全都删除了。

为了践行可持续发展理念，本届世赛烹饪（西餐）项目选手所制作的菜品，会被送给餐厅服务项目选手当道具。因此，休闲餐中新增了两项内容——制作餐前面包和奶油蛋糕，而这本属于烘焙、糖艺（西点）项目的内容，对烹饪（西餐）项目选手来说，可谓转向了全能型考核。

为了速成技艺，康邦成每天都练习烤面包、做蛋糕；为了做出最完美的巧克力装饰，他将手提前放在冰水中浸泡 20 秒，避免手温影响成品质量；为了提高对异域食材的辨认速度，他熟记食材的法语单词；菜品方案被反复调整修改，他快速记忆新的方案……康邦成逐渐成为全能型选手。

突破　客场作战改写历史

然而，正式比赛的第一天，场务人员提供的食材就出了很多问题。“所用食材重量超过平均值是要扣分的。他们给了我成倍的鸡蛋，但奶制品一样都没提供，而我只有 15 分钟更换食材，以至于比赛开始的号令都没有听见，”康邦成回忆道，“当我听见隔壁选手炒菜的声音时，已经晚了近 40 分钟。”

超时 1 分钟，整个模块便是 0 分。康邦成分秒必争，将推拉切、直刀切改为中式刀法；用 4 口锅同时烹饪，利用间隙时间准备食材；将抹酱料烤鸭法改为抹香料法……不知不觉，时间一点点地被追了回来。最终，康邦成以令裁判惊讶的精湛技能夺得了金牌，打破了欧洲选手在该项目的金牌垄断。

“我所获得的是中国和亚洲在该项目上的首金，等于改写了亚洲选手在西餐界的历史，我感到非常自豪。”康邦成说。

未来，康邦成计划尝试更多的可能性——比如创办一家多功能创新型餐厅，既能服务顾客，又能研发新的菜品，还能帮助梯队选手备战世赛……海阔天空，任他翱翔。

（记者　袁梦洁）

烹饪（西餐）项目团队

选手

康邦成	宁波市古林职业高级中学职工

集训基地

山东省城市服务技师学院
吉林省工商技师学院
宁波市古林职业高级中学
湖北经济学院
重庆商务职业学院

技术指导专家

陈　刚（组长）	上海索迪斯万通服务有限公司餐饮渠道技术总监、高级技师
陈海亮	麦德龙商业集团有限公司餐饮及服务经理、高级技师
张振祝	上海牛傣食品科技有限公司总经理、高级技师
郭小粉	苏州市吴中技师学院西餐烹饪总监、高级技师
汤仁杰	麦德龙商业集团有限公司产品研发主厨、高级技师

教练

陈　刚（组长，兼）	上海索迪斯万通服务有限公司餐饮渠道技术总监、高级技师
沈玉宝	山东城市服务职业学院西餐学院副院长、副教授
刘　雄	重庆商务职业学院西式烹饪工艺专业带头人、副教授
邵泽东	宁波市古林职业高级中学世赛基地主任、高级技师
费勤民	安徽新东方烹饪高级技工学校职业技能鉴定站站长、教授
何笑丛	上海市贸易学校食品教学部副主任、高级讲师

翻译

赵亚男	江苏城乡建设职业学院副教授
王　晰	山东工业技师学院教师

剪出“蜕变”人生

——记美发项目金牌获得者　田飞鸿

身披国旗的少年，在颁奖台上与其他获奖选手相拥欢呼，他脸上画着的红心，正是一颗技能报国的中国心。

经过 18 小时 25 分的角逐，田飞鸿在竞争激烈的世赛美发项目中突出重围，面对法国、英国、日本、韩国在内的 28 个国家和地区的参赛选手，他无所畏惧、专注比赛，用 5 年的“学艺”赢得了金牌、证明了自己，用一身的“手艺”从贵州大山走上了世赛舞台，实现了人生蜕变。

跨省孤身学技能

一次偶然，看到一个夺冠视频，田飞鸿便孤身从贵州来到重庆，只为学一门手艺。

“我无意中刷到了聂凤老师身披五星红旗夺得世赛冠军的视频，没想到做美发也能成为冠军，我一下子便有了兴趣，成了她的粉丝。”自此，田飞鸿开启了自己的追星之旅。

2018 年 8 月，田飞鸿通过网络报名了重庆五一技师学院的美发与形象设计专业，9 月开学，他一个人提着行李来到了重庆。

美发并没有想象中那么简单，田飞鸿回忆道：“一开始训练，有个发型怎么都做不出来，孤独与内耗让我面临崩溃，最后是我的师傅聂凤老师手把手教会了我。”田飞鸿骄傲地介绍道，2015 年聂凤老师就获得了该项目的世赛金牌，也是亚洲国家在该项目上获得的第一块金牌。

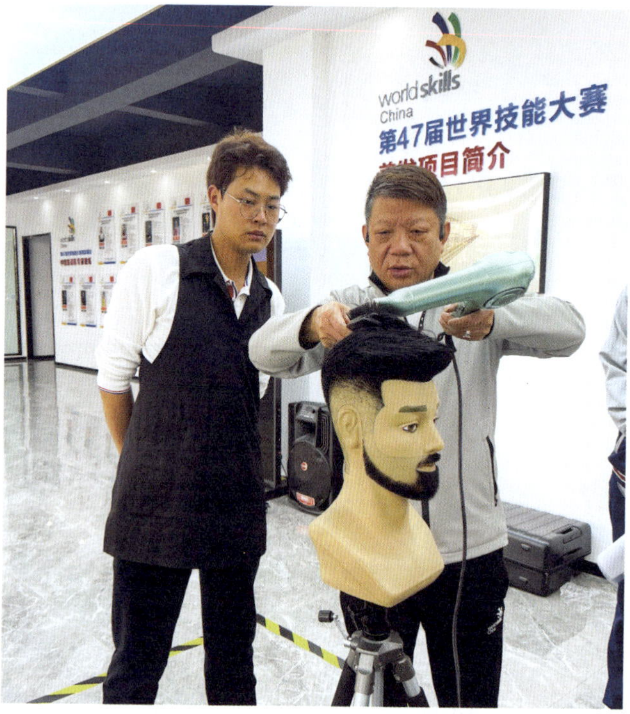

2024 年 1 月，田飞鸿进入美发项目国家集训队。“在集训队训练时，有一个‘女士向下’的模块——拉片，需要把头发做得很柔美。我当时美感不够，怎么都做不好。”田飞鸿说。为此，除了老师们手把手指导，他还去看了一些提升美感的书籍、图片，甚至跑到外面去看花、看草、看有特色的建筑。

不断地磨炼迎来了蜕变。2024 年 3 月，在国家队集中考核赛中，田飞鸿获得了第一名。

备赛期间，他每天跑步 2 000 米进行体能训练；1 小时的基本功练习；完成 2 ~ 3 个模块的练习任务，每个模块耗时 2 小时 30 分钟。田飞鸿说：“完成每套模块后，我还会对做得不满意的模块进行复盘和总结。晚上还有英语课和心理辅导，确保我在赛场上能够迅速理解比赛要求，保持稳定的心态。”

一辈子只能参加一次的比赛

世界技能大赛被誉为“世界技能奥林匹克”。按照大赛规定，每名选手只能参加一届世界技能大赛。

顶着“只有一次机会”的压力，赛场上的田飞鸿却心无杂念。“我有丰富的参赛经验，还有专门的心理老师帮我做心理疏导，教我一些调整心态的技巧。”说着田飞鸿轻轻闭上眼睛、深呼吸，做起了示范。

本次世赛的美发项目新增了一个模块——女士商业烫发。“一开始我怎么都做不好，就向专家教练团队去‘求救’，他们为我制订了一套有针对性的训练方案。”

虽然有了充分的备赛准备，但是在赛场上依旧会遇到意想不到的“应变能力”测试。

比赛当天，大赛组委会临时在会场征集了模特志愿者，各国选手通过抽签确定模特并进行美发造型。每位选手的真人模块分为两位女士模特（女士长发走秀造型、女士晚宴盘发造型）和一位男士模特（推剪及胡须造型）3个比赛项目。

引入真人模特美发造型大大增加了比赛的不确定性。“为了公平，现场采取抽签确定美发模特的方式，随机性很大，相当考验选手的临场发挥。”田飞鸿说。赛场上选手根据赛题领到照片，要求做得越像越好，但往往容易出现争议，因为模特的发量、长短、形象都会影响结果。

田飞鸿回忆，比赛现场进行盘发造型时，他的第一个模特发量少，还拉直过，很难定型。“我迅速调动学到的知识技巧，用玉米须夹板把头发夹过后再拉开，然后用假发包做填充。”同时赛项还有客观分，包括对顾客的关心照顾、对工作的组织管理、对工位的清洁卫生等，这些都会影响到最终的分数。

“第二天比赛结束，我从场馆里走出来的时候，刚好有个外国小朋友对着我喊“China！China！”在国外听到“中国”两个字，让田飞鸿倍感自豪。

擦亮“金”字招牌

“知道自己拿了第一后，我先是愣了一下，等回过神来就全是兴奋了！”想到自己6年的努力，田飞鸿感慨道，“真的很不容易，但是一切都值了！”

比赛回来后，学校派他去其他技工院校宣讲，用自己的经历为同学们加油打气，让他们找到方向，打开新世界的大门。

“比赛的整个经历和过程，可以说让我蜕变了，进入比赛后我体验到了真正的热爱。”田飞鸿深深感受到国家对技能人才的重视、各级人力资源和社会保障部门对参赛选手的支持、学校对自己的栽培。

用一技之长，为国家争光。让“行行出状元”，成为推动国家高质量发展的牢固根基。

（记者　侯艺林）

美发项目团队

选手

田飞鸿	重庆五一技师学院教师

集训基地

重庆五一技师学院
河北常青树形象设计有限公司
上海市第二轻工业学校
杭州运河技工学校
平度市技师学院
成都欧曼谛技工学校

技术指导专家

吉正龙（组长）	杭州市拱墅区英美职业培训学校校长、教授、特级技师
常拥军	河北常青树形象设计有限公司总经理，河北政法职业学院教授、高级技师
胡已雪	江苏生活高级技工学校副教授、高级技师
赵　兵	扬州市天姿美容美发管理有限公司董事长、高级技师
陈　平	上海潘多拉美发有限公司董事长、高级技师

教练

聂　凤（组长）	重庆五一技师学院教授、高级技师
石　丹	杭州市创意艺术学校教授、特级技师
李　光	平度市技师学院教师、高级技师
曾　丽	成都欧曼谛技工学校副教授、高级技师
沈文青	杭州轻工技师学院教师、高级技师

翻译

周智强	重庆五一技师学院教师
彭　兴	重庆五一技师学院教师

worldskills China

第二篇　银牌

技能为刃　雕刻梦想

——记家具制作项目银牌获得者　贾京

“00后”的贾京，就读于湖北生态工程职业技术学院建筑室内设计专业。他的父亲是一名木匠，从小耳濡目染之下，他对木质家具制作产生了浓厚的兴趣。

贾京自幼便对家中的每一件木制家具都充满了好奇。每当夕阳西下，他总爱坐在父亲打造的那把雕花椅上，抚摸着那些细腻的纹理。

那时候，贾京心中便萌生出一个念头：有朝一日，自己也要创造出这样既能传承文化，又能温暖人心的作品。

也正是因为这份对木艺的热爱，成为贾京日后不懈追求的原动力。

勤学苦练　技艺精进

梦想的实现从来不是一蹴而就的。贾京深知，要想在家具制作领域有所成就，必须打下坚实的基础。

于是，贾京踏上了漫长的求学之路，来到湖北生态工程职业技术学院的他毫不犹豫地进入到了家具实训基地，这里齐全的专业设备、优秀的教师团队、良好的学习氛围让他如鱼得水。

从最基本的木工技能学起，锯、刨、凿、雕，每一项技艺，贾京都精益求精。

凭借着吃苦耐劳的精神，在校赛中，贾京突出重围，从50多位同学中脱颖而出，取得了第二名的好成绩，获得了参加湖北省赛的资格。

湖北省赛的竞争更加激烈，对选手的要求更加严格。贾京深知自己的能力和那些资深的选手相比还有所欠缺，于是在接下来的日子里他日夜苦练技艺，一做就是几个月，有时训练到凌晨两三点，怕第二天贪睡，便随便找块板子直接睡在基地里。

日复一日的训练，使贾京的技艺水平得到了飞速的提升，每一个动作和技巧，他都力求做到极致。

终于，在湖北省第一届技能大赛家具制作项目中，贾京获得了第一名。

冠军之路 破茧成蝶

备战全国选拔赛的那段日子里，是贾京经历的最难熬的时期，长期的高压训练让他产生了疲惫感，一度想要放弃比赛。

为了让贾京走出困境，学校领导和教练团队多次与他谈心交流，疏导情绪，大家共同制订了专门的心态调整和体能锻炼计划。让他在磨炼精湛技艺的同时，也拥有一个沉稳的心态和强健的体魄。教练团队陪着他一起吃饭，一起训练，一起负重跑步，一起钓鱼。

在教练团队的帮助下，贾京终于走出阴霾，向着另一片天空继续翱翔。

参加世界技能大赛需要经历无数的考验，贾京虽然是国赛金牌获得者，但是在家具制作国家集训队中，个个都是“绝世高手”。

放下荣耀，重新站上新的起跑线，争取代表湖北为国出战，为了这个目标，贾京和教练们春节只休息了 3 天。

终于，在家具制作项目国家集训队选拔赛决赛中，贾京以精湛的技艺和稳定的发挥，以最好的状态，完成了自己最佳的作品。

在专家、裁判们的赞誉中，贾京的心中充满了感激与释然。他知道，这份荣誉不仅是对他技艺的肯定，更是对他多年坚持与努力的最好回报。

肩负着代表中国出战的重任和使命，贾京的心中只有一个信念：无论如何，为了国家，为了团队，为了自己的家具梦想，必须全力以赴！终于，贾京在第 47 届世界技能大赛上获得了家具制作赛项银牌，为祖国赢得了荣誉，为湖北增添了光彩。

（鄂仁轩）

家具制作项目团队

选手

贾　京	湖北生态工程职业技术学院教师

集训基地

广州市轻工技师学院
亚振家居股份有限公司
江西环境工程职业学院
湖北生态工程职业技术学院

技术指导专家

刘晓红（组长）	贵州交通技师学院教授
曹永宏	亚振家居股份有限公司总工程师、高级技师
王　斌	河南职业技术学院副教授
吴晋卿	江苏省扬州技师学院高级实习指导教师

教练

刘晓红（组长，兼）	贵州交通技师学院教授
杨颖杰	湖北生态工程职业技术学院教师
陈　新	广州市轻工技师学院高级技师
纪玉川	山东劳动职业技术学院教务处副处长、副教授
王加祎	四川国际标榜职业学院川作家具研究所所长、副教授
常潇阳	贵州交通技师学院教师
李德鑫	江西环境工程职业学院教师

翻译

刘娜娜	上海信息技术学校教师
郭诗宇	湖北省园林工程技术学校教师

用混凝土“浇”出的世界银牌

——记混凝土建筑项目银牌获得者 田闰 周秧锋

江苏城乡建设职业学院学生田闰、周秧锋在第 47 届世界技能大赛中勇夺混凝土建筑项目银牌，这是江苏学子首次荣获世界技能大赛混凝土建筑项目的奖牌，也是该校办学 38 年来首次有学生闯进世界技能大赛并一举夺银。

左起：周秧锋、田闰

混凝土建筑项目赛项工序复杂，且精度要求高，共需历时 4 天，持续 22 个小时。在赛程时限内，队友之间需要相互配合，手动搬运近 9 吨重的材料，先后完成墙、梁、板、柱的模板搭建与拆除，钢筋的加工与绑扎，混凝土的浇筑等一系列步骤，这对他们的体能、技能以及心理素质都是极大的考验。比赛中，周秧锋和田闰顶住重重压力、从容应战，以规范专业、高超娴熟的技艺，最终代表中国站上世界技能大赛的领奖台。

田闰，自踏入校园的那一刻起，就怀揣着满腔的热情和不屈的意志，展现出了对知识的渴望和对技能的追求。他学习积极主动、勤奋踏实，对专业技能的提升特别感兴趣，主动报名加入了学校“青匠班”的技能训练，与周秩锋成为“同门师兄弟”。田闰和周秩锋组成最佳搭档，在日常训练过程中切磋技艺、共同成长，也在日复一日的互相支撑与鼓励中练就了极高的默契度。

周秩锋，一个从西北农村走出来的青年，来到江苏城乡建设职业学院求学，“青匠班”的一堂宣讲让他明确了奋斗的方向。从校赛到第 47 届世界技能大赛，他主动申请放弃所有的节假日，无论酷暑严寒、伤病疲累，每天十几个小时全身心投入高强度的训练，这一坚持就是 700 多天。在团队中，他是一个既聪明、强壮又勤奋的好伙伴。当面临制作模型严重超时的问题时，他“化零为整”，放弃常规技法，创新思路，与团队夜以继日，优化制作工序，寻求应对之策。在不断的探索与尝试下，终于成功地将模型制作时间缩短了一个多小时，为提升作品的精度留出了足够的操作时间。

田闰和周秩锋先后经历了省赛、省集训队选拔赛、国赛、世界技能大赛选拔赛，并经历了集训队的多次阶段性考核，一路“过关斩将”，最终代表中国队站上了世界技能大赛的舞台。“本次未能夺得金牌，内心还是有些遗憾的，”在谈及比赛成绩的时候，田闰说道，“但是，有遗憾才是青春。接下来，我们会继续精进专业、提升技能，将专业所学、训练所得、比赛所悟传承给我们‘青匠班’的学弟学妹们，希望他们能够在 2026 年在上海举行的第 48 届世界技能大赛中取得新的突破，勇夺金牌”。

（过林燕　王生）

混凝土建筑项目团队

选手

田　闰	江苏城乡建设职业学院学生
周秧锋	江苏城乡建设职业学院学生

集训基地

郑州商业技师学院
江苏城乡建设职业学院
浙江建设技师学院
广州城建技工学校
贵州交通技师学院

技术指导专家

刘建忠（组长）	江苏苏博特新材料股份有限公司副总工程师、研究员级高级工程师
肖创海	广州城建技工学校副教授、高级技师
李文雁	郑州商业技师学院高级讲师、技师
张悠荣	江苏城乡建设职业学院教授、高级工程师

教练

张悠荣（组长，兼）	江苏城乡建设职业学院教授、高级工程师
崔鲁科	贵州交通技师学院正高级讲师、高级技师
倪峻坡	浙江建设技师学院讲师、技师
谢健强	广州城建技工学校高级技师
林冶强	江苏城乡建设职业学院讲师、工程师
张阳光	郑州商业技师学院技师
冯坤痒	贵州交通技师学院技师

翻译

王爱玲	山东化工技师学院教师
赵亚男	江苏城乡建设职业学院副教授

不坠吾辈青云志　甘逆狂风暴雨行

——记数控车项目银牌获得者　陈镘冰

“00 后”选手陈镘冰，在技能赛道上一路披荆斩棘，以精湛技艺获得第 47 届世界技能大赛数控车项目银牌。他走下领奖台，又踏上讲课台，以经验和技能知识奔赴下一个山海，在新的征程，以他的奋斗故事激励更多新生代年轻人实现技能报国之志。

崭露头角，青春因奋斗而闪光

2017 年 9 月，陈镘冰怀揣着对技能成才的憧憬，进入一所职业技术学校开始学习数控应用技术。在这里，他仿佛找到了属于自己的舞台，对数控技术的热爱也愈发深厚。

2020 年中职毕业前夕，陈镘冰代表他所在的中职学校到广东省机械技师学院参加全国职业技能大赛广东省选拔赛，让他第一次真正体会到什么是“山外有山，人外有人”。那时他想，一定要进入广东省机械技师学院继续学习，把这门技术学得更精湛，才能让自己今后找到好工作。2020 年 6 月，中职刚毕业的陈镘冰就主动放弃暑假，无缝衔接插班到广东省机械技师学院竞赛班参加跟训了。

回想起初到广东省机械技师学院竞赛集训队跟训的这段日子，陈镘冰觉得为自己打开了新世界的大门。在他看来，广东省机械技师学院的训练体系完备、科学和严谨，“在跟训的这三个月里，我就像是一块巨大的海绵不断吸收新知识，每天都有很多收获。”陈镘冰说。

荆棘之路，目标因坚守而崇高

时间回到 2021 年广东省第二届职业技能大赛校内选拔前夕。竞赛选拔是残酷的，在几次校内参赛选拔考核中，陈镘冰名次偏后，眼看难以获得参赛资格，他第一次产生了放弃的念头。

第 45 届世界技能大赛数控车项目金牌获得者、学院教练黄晓呈敏锐地发现了陈镘冰情绪低落，及时以自身经历耐心开解他，“不是因为有比赛才去准备，而是因为有准备才会有机会”，黄教练这句话让陈镘冰醍醐灌顶，铭记在心。

那天过后，陈镘冰重新打起精神，在每天的训练中总是要比别人晚离开车间。他及时对当天的训练内容进行复盘，反复琢磨自己还没掌握好的技能点，针对薄弱点不断练习，直至攻破。他相信，勤能补拙，机会是留给有准备的人的。在广东省第二届职业技能大赛选拔之际，陈镘冰迎来了人生第一个大赛机会，经过 12 轮比拼，他以高出对手 0.07 分的成绩险胜，拿下了省赛入场券，并夺得数控车项目银牌。此后，他进入国赛集训队，奔向更高的技能竞技舞台。

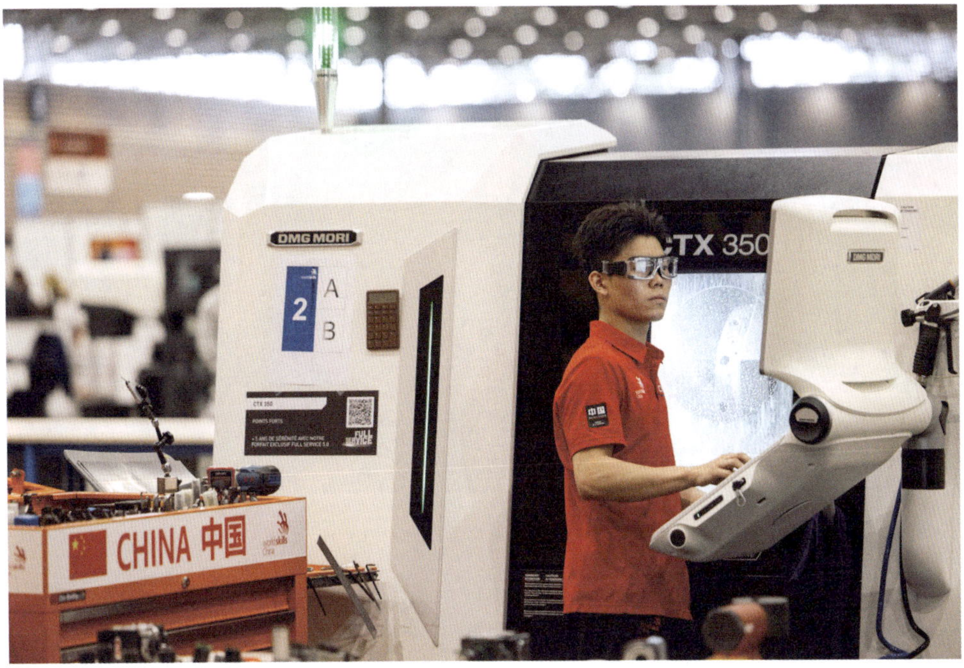

跬步登高，梦想因拼搏而闪耀

关关难过关关过，前路漫漫亦灿灿。陈镘冰一路披荆斩棘，成为世界技能大赛数控车项目中国队正选选手，踏上世界技能大赛征程。在冲刺世界技能大赛的最后两个月里，他按照教练和项目专家组长制订的训练计划，不断调整个人状态、优化技术细节，并陆续前往黑龙江、北京、内蒙古等地以及奥地利、法国等国家进行异地模拟考核和赛区训练交流，在实战中磨炼技术和心态。

然而，世界技能大赛赛场上的各种考验也是意料之中的。陌生的环境、语言不通，以及设备和材料硬度与平时训练的差异，都是选手要迎接的挑战。陈镘冰凭借多年的竞赛训练以及保障团队的强大支持，克服了材料硬度比平时训练偏大、刀具磨损过快给他带来的心理压力，冷静地完成了参赛作品。

陈镘冰深知，世界技能大赛不是终点，而是新的起点。如今，陈镘冰已经圆梦世界技能大赛，未来，他希望能够成为一名教师，在工作中将自己的世界技能大赛经验转化为课堂教学，言传身教地培养出更多数控专业人才，带领更多青年学子走技能成才、技能报国之路，服务国家和大湾区产业发展战略，展现新时代技能人才的风采！

（粤仁轩）

数控车项目团队

选手

陈镘冰	广东省机械技师学院学生

集训基地

北京市工业技师学院
黑龙江技师学院
浙江工业职业技术学院
福州第一技师学院
广东省机械技师学院
内蒙古机电职业技术学院

技术指导专家

宋放之（组长）	北京航空航天大学高级工程师
徐国胜	天津职业技术师范大学教授、高级技师
王展超	北京市工业技师学院高级实习指导教师
陈智民	广东省机械技师学院高级技师
张榕宾	福州第一技师学院高级技师

教练

王展超（组长，兼）	北京市工业技师学院高级实习指导教师
王　帅	北京市工业技师学院高级技师
黄晓呈	广东省机械技师学院高级技师
应　跃	浙江工业职业技术学院高级技师
王　勇	黑龙江技师学院高级技师
刘　玲	内蒙古机电职业技术学院副教授

翻译

肖婷婷	江苏省徐州技师学院教师
沈媛媛	浙江建设技师学院教师

始于兴趣　久于热爱　终于使命

——记工业控制项目银牌获得者　肖创

法国里昂，当地时间 2024 年 9 月 15 日，第 47 届世界技能大赛闭幕式上掌声雷动，欢呼如潮。肖创夺得工业控制项目银牌，这是他继 2020 年获得第一届全国技能大赛铜牌、2023 年获得第二届全国技能大赛金牌之后的又一次重量级大奖。

追求卓越，细节之处见真章

在技能竞赛方面，肖创是一个追求极致的人。不管是成品细节还是速度，他都力求做到自己能力的极限。他认为，“想要成功，就得不断超越自我、追求卓越。”所以选拔阶段项目比赛要求所有线槽图纸拼接缝隙不能插入一张信用卡（卡片厚度约 1 毫米），但肖创能够做到所有拼接缝隙均无法插入一张 A4 纸（一张 A4 纸厚度约 0.1 毫米）。

进入国家集训队后，肖创更拼了，特别是在“5 进 1”考核决定代表中国参赛选手名额的时候，“常常训练、思考到凌晨一两点”。很多次离开集训基地的时候已经很晚了，但回到宾馆后他还会继续开着电脑练编程、电路设计模块。天道酬勤，以往的考核，前两名之间的差距往往只有 0.1 分、0.2 分，但那一次，他领先了第二名足足 10 分！

灵活应变，取舍之间定乾坤

日复一日的高强度训练，加上一次又一次的淘汰赛洗礼，肖创无论是技能素质还是心理素质，都得到了很好的锻炼和提升。“技艺精湛、内心强大、应变能力强。”教练姜

光对他评价极高。

这些在世界技能大赛现场得到了很好的印证。面对赛题公布规则从半开放到全封闭的突然转变，肖创没慌，迅速调整策略，凭借平日里对技艺的深钻细研，以及对各类难题的预案，游刃有余地应对。对于赛场上由自选工具到全依赖主办方提供的挑战，他更是展现出了非凡的应变能力和适应能力。“开赛当天，我现场看说明书，即学即用曲线锯。”让陌生工具成为自己手中的“利器”，他继续高效、高速地推进比赛。

“我在随机应变和抗干扰方面还行，但取舍方面做得不够好。”肖创说，这也是自己最终与金牌擦肩而过的最大原因。

“这个赛项工作量超多，全程几百个评分点，所以学会取舍特别重要。”赛后复盘，肖创懊恼地说，自己在该舍弃的地方死磕，后面来不及调试检验，导致失分多。

坚韧不拔，征途尽头绽芳华

备战后期，肖创在微信签名上写了一句话：“功成之途无人众，唯因毅者实属稀。”以此来激励自己坚持到最后。

这届世界技能大赛该项目要求选手在规定的 20 个小时内完成安装、排除故障、编程、电路设计共 4 个竞赛模块。其中安装模块耗时长达 12 个小时，对体力与意志都是极大的考验，而在集训期间，肖创在工作台连续操作超过 12 个小时的日子数不胜数。

肖创坦言，自从登上世界技能大赛领奖台，赞誉如潮涌来。然而，他深知这枚奖牌的背后，既离不开国家的大力支持——从人力资源社会保障部到省、市，再到学院，各方都投入了大量资源；也离不开整个团队多年来的不懈努力与孜孜不倦的付出；更得益于他生逢高度重视技能人才培养的伟大时代。肖创表示，“我会把这份荣誉转化为前行的动力，不忘初心，持续深耕技能领域，发挥榜样的引领作用，激励更多青年投身技能报国之路，共同为推动国家高质量发展贡献力量。”

（穗仁轩）

工业控制项目团队

选手

肖　创	广州市机电技师学院职工

集训基地

铁岭技师学院
山东工业技师学院
湖北三峡技师学院
四川仪表工业学校
西安技师学院

技术指导专家

闫虎民（组长）	天津职业技术师范大学副教授
宁康波	西门子工厂自动化工程有限公司工程师
马庆江	西门子工厂自动化工程有限公司工程师

教练

闫虎民（组长，兼）	天津职业技术师范大学副教授
王　林	铁岭技师学院（辽宁工程职业学院）高级实习指导教师
刘洪莱	山东工业技师学院高级技师
朱浩然	湖北三峡技师学院（宜昌科技职业学院）高级技师
官　伦	四川仪表工业学校高级技师
门新会	西安技师学院高级技师
姜　光	广州市机电技师学院正高级讲师
贺江涛	河南化工技师学院高级实习指导教师

翻译

孙礼彤	安徽新东方烹饪高级技工学校讲师
田　坤	铁岭技师学院（辽宁工程职业学院）工程师

弧光里的青春

——记焊接项目银牌获得者　胡泽宏

北京时间 2024 年 9 月 16 日凌晨，来自中国五矿所属中国十九冶的胡泽宏身披五星红旗站上领奖台。本次大赛中，胡泽宏以 95.08 分的成绩获得焊接项目银牌，刷新了中国代表团在焊接项目的最高得分纪录。虽与金牌失之交臂，略有遗憾，但在成绩的背后，胡泽宏的付出和努力却比奖牌本身更闪耀。

从 14 岁到 20 岁，2 000 多个日夜里，他孜孜不倦、日复一日地训练，用焊花淬炼青春匠心，以汗水书写技能报国的光荣与梦想。

从追寻偶像到成为偶像

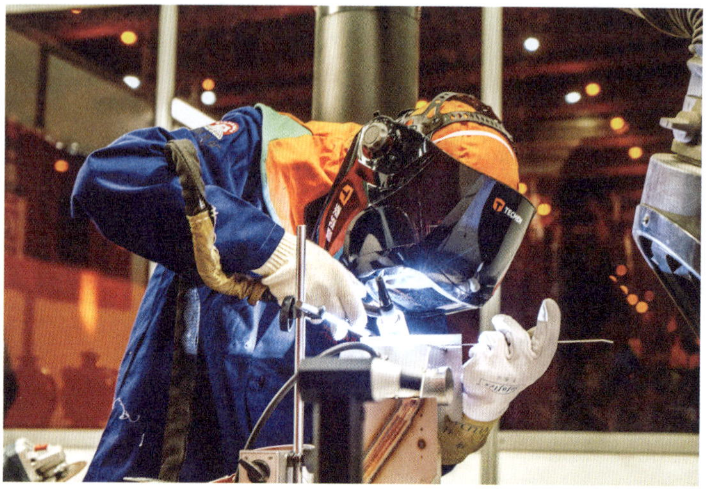

2018 年，14 岁的胡泽宏来到了中国十九冶攀枝花技师学院学习焊接技术。一开始，他表现并不突出，在班里年龄最小，个子也瘦小，大家都称他为“小娃儿”。在老师和同学的记忆中，和胡泽宏同一批来到学校学习焊接的，基础比胡泽宏强的人还有很多。但他悟性好，比别人能吃苦、肯坚持，经过多轮纪律淘汰、理论测试、实操考试，最终以第一名的成绩进入集训队。

六年磨一剑，世赛再攀登。2024 年 9 月 10 日至 15 日，胡泽宏代表中国队在法国里昂参加第 47 届世界技能大赛焊接项目比赛。该项目选手要在 18 个小时内完成组合件、压力容器、铝合金结构件和不锈钢结构件 4 个模块的焊接任务，比赛分 3 天进行。赛场上，胡泽宏沉着应对，以精湛的技术和稳定的心态，完美地完成了 4 个模块的焊接任务，从 42 名参赛选手中脱颖而出，摘得本届大赛焊接项目银牌，为国家又争得了一份世界级荣誉，成为我国新一代青年技工中的翘楚。

踏破荆棘赢得鲜花和掌声

从中国凉山到法国里昂，从技能“小白”到技能高手，6 年时间里，胡泽宏不曾有过丝毫的懈怠。站在世赛领奖台上，身披五星红旗的他，面对现场的掌声、呐喊声，以及领奖台下挥动的中国国旗，他心潮澎湃，眼眶湿润：“特别激动，作为一名中国人，感觉特别自豪。”

自古好事多磨难，鲜花和掌声的背后，是胡泽宏不为人知的刻苦勤奋、永不放弃的坚定执着，以及对精益求精的不懈追求。

为了尽快提升技能，别人在休息，他自己却在训练，训练中的他边训练边记录，不懂就问，还慢慢养成了睡前反思总结的好习惯。在施焊过程中，他做的每一步都有条有理，细致入微，这些都成为他的“通关秘籍”。

传工匠心立报国志

胡泽宏所在的中国十九冶焊接集训队，高手云集，拥有世界技能大赛焊接项目国家队总教练周树春，第 43 届、44 届、45 届世界技能大赛焊接项目冠军曾正超、宁显海、赵脯菠等一大批大师，他们是不折不扣的大国工匠，在日复一日的坚守中，用最朴实的行动诠释着"工匠精神"，他们中每个人的经历，都是很多人一生的追求。从他们身上，胡泽宏不仅学到了世界级的焊接技术，也被他们身上的"工匠精神"所深深影响。师傅周树春和各位师兄的言传身教，让他看到了学习技能一样可以为社会、为国家作贡献、立功劳。

载誉归来的胡泽宏，面对记者的采访时说道："这次获得银牌，虽然有些遗憾，但是也会成为我接下来继续努力的动力。我这个人对想做的事情，就是能坚持。"谈及人生理想和未来打算，胡泽宏说，"我想继续提升技术，用技能实现人生理想，用技能改变命运，用技能为社会做贡献。"

（阴亚茹）

焊接项目团队

选手

胡泽宏	中国十九冶集团有限公司职工

集训基地

中冶建筑研究总院有限公司
首钢技师学院
江南造船新型技师学院
威海市文登技师学院
中国十九冶集团有限公司
甘肃冶金技师学院

技术指导专家

刘景凤（组长）	中国工程建设焊接协会副会长兼秘书长、教授级高级工程师
谢　琦	中国工程建设焊接协会副秘书长、教授级高级工程师
张纪鹏	江南造船（集团）有限责任公司技术主管、工程师
王文华	首钢技师学院正高级实习指导教师

教练

周树春（组长）	中国五矿集团有限公司首席技师、中国十九冶集团有限公司正高级工程师
赵脯菠	中国十九冶集团有限公司高级工程师
赵　炜	攀枝花技师学院教师、高级工程师
夏琦男	宁波技师学院教师
李　良	湖南航空技师学院航空工程系焊接教研室副主任
高君飞	威海市文登技师学院教师

翻译

任培怡	河北省唐山市技师学院（唐山工业职业技术大学）教师
岳颖琳	中国航空工业集团有限公司高级工程师

踏上路途　坚持前行
比抵达终点更重要

——记增材制造项目银牌获得者　罗小焦

罗小焦，第47届世界技能大赛增材制造项目银牌获得者。他通过8年的不懈努力和持之以恒，向所有人展示了在挫折与挑战中不断前行、超越自我的技能奋斗之路。他说："比起抵达终点，更重要的是敢于踏上路途，并在前进的过程中有所收获。"

路在何方，路在脚下

16岁那年，罗小焦面对心中对技能的渴望与对"掌握一技之长，找一份好工作"的憧憬，权衡过后，最终选择了广东省机械技师学院，踏上学习技能的道路。

初入广东省机械技师学院，紧凑而有序的学习节奏让他感到既熟悉又新鲜。在接触到“机械制图”这门课时，他的能力仿佛找到了归宿，一切都变得游刃有余、得心应手。学校竞赛集训队的选拔考试更是为他带来了展现自我的机会。凭借出色的专业能力，他从400多名考生中脱颖而出，迈出了技能竞赛之路的坚实一步。

行路难，行路难，长风破浪会有时

日复一日紧张而忙碌的轮岗集训，构成了罗小焦长达8年的技能成长之路。从普车训练到数控车、综合机械，再到CAD机械设计，每一次项目转换都是对他心理素质、技术功底和学习迁移能力的考验。

正是罗小焦极为出色的制图天赋，以及多次落选仍“不坠其志，不改初衷”，一如既往刻苦训练的态度，让教练看到了他在技能和心理素质上的潜力，由此将他领进CAD机械设计项目的大门。凭借坚持与努力，他在2018年收获了广东省CAD图形设计职业技能竞赛一等奖、“高教杯”全国大学生先进成图技术与产品信息建模创新大赛机械类建模一等奖等多项荣誉。

坚持前行比抵达终点更重要

2020年，广东省机械技师学院将世赛新增的赛项——增材制造项目转化为学校的新赛项和新专业。罗小焦过往的技术积累和坚持不懈的努力为他赢得了进入增材制造项目的机会，他再一次转换项目。

面对全新的设备、全新的软件和完全不同于传统加工方式的技术要求，罗小焦再次展现了他那颗从不言败的心。但世赛增材制造项目广东省选拔赛的落选让罗小焦一度想要放弃。学院教练陈泳桓劝留了他，并带领他在接下来的一年里，更加深入细致地打磨技术，不断对支撑添加、温度调整、零件的摆放设计等细节进行优化，提高打印成功率和打印精度。之后，罗小焦在省选拔赛、全国选拔赛、国赛、世赛国家集训队集中考核中一路劈波斩浪，成为世界技能大赛增材制造项目中国队正选选手，踏上世界技能大赛的征程。

然而，技能之路对罗小焦的考验仍未结束。赛场上，陌生的环境，加上语言不通带来的无法完全了解试题要求的困境，让罗小焦倍感压力。但多年的竞赛训练经历，以及每天赛后学校保障团对他的心理支持，还是让他保持了超乎寻常的冷静。比赛过程中，他心无旁骛，手中的操作精确坚定，仿佛每一个步骤都已在心中演练了无数遍。他知道，自己掌握的技术就是作品的通用语。

路漫漫其修远兮，吾将上下而求索

获得意料之外的银牌时，罗小焦直言自己感到惊喜，但更多的是平静。这 8 年里，在技能道路上留下的每一个脚印，都让他面对成绩更加从容。而且他深知，技能之路没有终点，真正重要的并非结果，而是过程中的收获、成长与坚持。

"这只是一个开始，未来的路还很长。"作为年轻的增材制造技术高技能人才，罗小焦将通过他对技能报国的坚守，继续学习，不断突破自我，并培养更多技术过硬，且不畏挑战，具有探索精神和社会责任感的未来工匠，推动中国制造走向世界，用行动书写中国制造的未来。

（杨韵莹　叶幼莹）

增材制造项目团队

选手

罗小焦	广东省机械技师学院学生

集训基地

江苏省盐城技师学院
吉林职业技师学院
东营市技师学院
武汉职业技术学院
广东省机械技师学院
西安增材制造国家研究院有限公司

技术指导专家

陈　娟（组长）	马鞍山技师学院正高级讲师、博士
薄向东	河北省唐山市技师学院（唐山工业职业技术大学）副教授、高级技师
姚小强	江苏省盐城技师学院高级技师
张喻胜	山西太原交通学校副教授
张全民	河南平高电气股份有限公司研发中心高级技师

教练

李旭鹏（组长）	北京德荟科技有限公司技术总监、工程师、高级技师
徐国权	江苏省盐城技师学院高级技师
王梁华	浙江萧山技师学院副教授、高级技师
张志坤	广东省机械技师学院高级技师
刘永胜	杰魔（上海）有限公司高级工程师

翻译

王小波	云南交通技师学院教师
卫志强	马鞍山技师学院教师

从“萌新”到“尖兵”
用“千锤百炼”诠释“精益求精”

——记可再生能源项目银牌获得者　曾振江

曾振江，17 岁获得“广东青年五四奖章”、省赛冠军、全国冠军、国家奖学金等诸多荣誉。18 岁，站上世界技能大赛领奖台，收获可再生能源项目银牌。他在广东省技师学院求学的 3 年时间里，一路过关斩将，从一名技能“萌新”成长为世界技能大赛的“尖兵”。在闪耀的光芒背后，既有他百折不挠的坚持与努力，也有他精益求精的态度与追求。

源于热爱　成于笃行

2021 年，15 岁的曾振江中考后，站在人生中的一个“岔路口”——是勉强进入民办高中学习，还是进入社会打工以减轻家庭负担。深思熟虑后，他选择了广东省技师学院。他相信，掌握一技之长，也是一条成才的阳光大道。

在备赛国赛时，可再生能源项目的工程部署与实施模块线槽拼接、元器件配电、光伏组件安装等多个环节需要在 4 个小时内完成，但曾振江当时的速度是一整天。教练为他量

身定制训练方案，计时精准到弯腰、转身、抬手的每一个动作的时长，一次次地调整弯腰的幅度、转身的角度、抬手的高度，将所有动作精确到秒，他最终成功“拿捏”这 4 个小时。

为了解决训练中出现的各种难题，曾振江日复一日地密集训练，就这样，一台台设备在曾振江的手中越来越游刃有余。在全国“5 进 1”的选拔赛中，曾振江以第一名的成绩脱颖而出，获得代表国家征战第 47 届世界技能大赛的宝贵机会。

为国争光　逐梦前行

2024 年 9 月，曾振江代表中国队站在法国里昂第 47 届世界技能大赛可再生能源项目的赛场上。共有来自中国、印度、日本、英国、巴西、埃及的 6 名选手参加比赛。该项目需要选手在 4 天共 17 个小时内完成工程部署与实施、系统操作与维护、系统检测与维修、系统规划与设计 4 个模块的比拼，模拟进行可再生能源收集、生产或分配电力的设备有效运行维护，既考验综合技能，也对应变、创新和解决问题的能力有很高要求。

面对在比赛现场设备材料的大幅度调整和缺失等情况，曾振江沉着应战、自我调节，快速地进入比赛状态。他争分夺秒，准确高效地完成了组装、接线、调试、故障排除和设计等多个环节的工序，最终拿到了大赛的银牌，体现了他过硬的技术和临场应变能力，也最终实现了为国争光的梦想。身披鲜艳的国旗站在世界技能竞赛的领奖台上，成为他人生中值得无比骄傲的时刻。

“参加竞赛，可以拓宽视野、增长本领、实现价值。”如今，才 18 岁的曾振江已完成了从技能“萌新”到世界技能大赛“尖兵”的蜕变。曾振江说：“让技能成为人生的一种选择，成为实现梦想的途径。成才之路都是独一无二的，千里之行，始于足下，勇于开始才能找到成功的路。可再生能源应用在未来有广阔的前景和需求，希望有更多人像我一样走上技能成才、技能报国之路。”对于未来，曾振江也充满了信心，无论前方的路向何方，他都将继续努力，践行所学技能，为社会做贡献。他坚信扎实的专业技能和坚定的信念将带领他走向更广阔的未来。

（陈智勇　张琼　谭俊科）

可再生能源项目团队

选手

曾振江　广东省技师学院学生

集训基地

广东省技师学院
南京化工技师学院
永康五金技师学院
山东工业技师学院
许昌技师学院
赤峰市机电信息工程高级技工学校

技术指导专家

朱卫军（组长）	扬州大学教授
薛　林	广东省技师学院教学科长、高级讲师
夏海洵	江苏省扬州技师学院智能控制学院院长、高级实习指导教师
蒋　进	永康五金技师学院二级实训指导教师

教练

薛　林（组长，兼）	广东省技师学院教学科长、高级讲师
陈智勇	广东省技师学院教师
沈　洁	天津轻工职业技术学院教授、高级技师
董小玮	山东工业技师学院讲师
黄南军	江西工业职业技术学院讲师
梁立继	广东省职业训练院一级实习指导教师
陶江鹏	费斯托（中国）有限公司应用工程师

翻译

卫志强	马鞍山技师学院教师
龙劲诚	广西机电技师学院教师

想为世界带来更多的美

——记平面设计技术项目银牌获得者　张梓鸿

“内心无比激动！很荣幸自己能身披鲜艳的五星红旗站上世赛领奖台！”

今年才 20 岁的张梓鸿，已经有了“傲人”的履历。他是第二届全国技能大赛平面设计技术项目冠军、二级广告设计师，曾获“广东省青年五四奖章”等荣誉。2024 年 9 月，他更是获得第 47 届世界技能大赛平面设计技术项目银牌，追平中国代表团在此项目上的历史最好成绩！

“从小就爱设计”

从小，张梓鸿就热爱模型制作。通过模型制作的学习和实践，他逐渐接触到设计领域，对设计产生了浓厚兴趣。2019 年中考后，张梓鸿无意中了解到深圳技师学院学子在世界技能大赛获奖的先进事迹，心中燃起了技能成才的梦想。他说服家长，放弃了离家较近的学校，来到深圳技师学院学习平面设计。

学习期间，张梓鸿对设计充满了热情，也深刻体会到了“学无止境”的真谛。他深知，要想在设计领域有所建树，就必须具备扎实的基础和过硬的能力。他系统学习设计理论方法，坚持实践，不断提高自己的设计能力；完善技巧，积极参加各种培训和工作坊活动；拓宽视野，探索新的领域和技术。除了在校期间多次获得奖学金，他还积极参加各种设计比赛和项目，凭借出色表现多次获得设计奖项和荣誉，展露出优秀的设计才华和创造力。

“横空出世”的设计小将

2022 年 11 月，张梓鸿进入学校平面设计技术世赛集训队，正式开始自己的逐梦世赛之路。集训中，张梓鸿总是从难从严要求自己，充分体现出有耐心、重细节、求极致的良好素质，展现了敏锐的洞察力和创意思维。

2023 年，张梓鸿先后参加了广东省第三届职业技能大赛和第二届全国技能大赛，凭借深厚的实力，他“所向披靡”，连续获得省赛、国赛冠军。

国赛后，张梓鸿再接再厉，通过了国家集训队选拔，拿到第 47 届世赛入场券。备赛期间，他迅速调整自己，“化整为零重新出发”。在教练团队的精心指导下，针对前期自己的薄弱环节，通过反复训练提升细节和专注度，通过参加多轮“走训”和高水平竞技活动调整心态。

展现“大将之风”

2024 年 9 月，张梓鸿正式登上世赛赛场。平面设计技术项目参赛选手众多，竞争激烈。本次比赛，题目无论是难度还是工作量都比以往要大，编辑内容几乎翻了一倍，许多选手甚至无法在规定时间内完成比赛。

最终，张梓鸿沉着冷静，按时完成每个竞赛模块，设计质量整体优异，最终获得亚军，追平中国代表团在此项目上的历史最好成绩。

张梓鸿表示，他希望自己能够激励更多学生勇攀高峰，追逐自己的梦想，激励更多年轻人投身创意设计事业，共同为中国设计事业的繁荣发展贡献力量，携手共进，共同创造美好的未来！

（深仁轩）

平面设计技术项目团队

选手

张梓鸿	深圳技师学院教师

集训基地

深圳技师学院
抚顺市技师学院
杭州轻工技师学院
江西省电子信息技师学院
山东劳动技师学院
重庆市科能高级技工学校（重庆能源工业技师学院）

技术指导专家

徐伟雄（组长）	深圳技师学院设计学院院长、教授
陈　渊	杭州轻工技师学院教务处处长、高级讲师
秦　衡	深圳市数尚文化传播有限公司设计总监、副教授

教练

黄玉婷（组长）	深圳技师学院教师
孟　昕	山东劳动职业技术学院副教授
张建强	江西省电子信息技师学院高级讲师
刘文贤	深圳里程文化传播有限公司创意总监
那　航	抚顺市技师学院讲师
王　威	天津中德应用技术大学副院长、副教授、技师
张　杰	楚雄技师学院讲师

翻译

李晓洁	藤仓（中国）有限公司总监助理
董彦辰	甘肃省人力资源和社会保障厅四级主任科员

将最美的微笑留在赛场

——记美容项目银牌获得者　覃慧

“命运的齿轮”在转动

参加第 47 届世界技能大赛美容项目比赛的覃慧来自重庆城市管理职业学院，从一名高职院校一年级学生到代表国家去参加世界顶级赛事的选手，覃慧的选拔、训练贯穿在校学习的 3 年。刚入学时，听到学姐分享比赛的故事和荣誉，覃慧和许多刚入学的同学都心动了。当时招人的老师收到厚厚一沓报名表。经过筛选，教练团队留下了 10 个人的简历。

第一轮专业理论笔试后，4 人被淘汰。接下来的一个月集中学习面部护理技术、模仿操作，考试后又有 2 人被淘汰。剩下的 4 名学生在 7 个多月里，到北京参加企业实践，一名学生难以适应新环境，另一名学生在实践中发现并不喜欢美容这个服务行业，选择放弃，最终只剩覃慧等两个人。

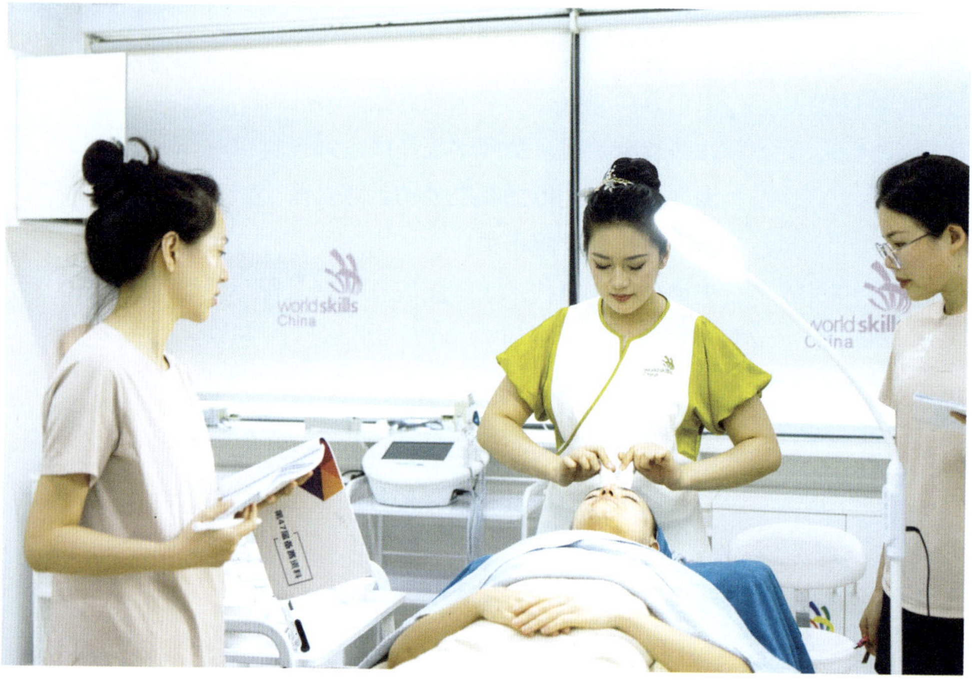

从北京回到重庆基地后，覃慧开始了两年多的集中学习、训练。每天早晨 7 点，她参加体能训练，扎马步、俯卧撑、手部操，上午 9 点开始主体技能的练习，晚上复盘并训练彩绘等不需要模特的技能。

美容分为医疗美容和生活美容，覃慧做的属于后者。世界技能大赛美容项目包括高级皮肤护理、身体护理、脱毛、彩绘指甲艺术、化妆、睫毛延长、手足护理 7 个模块。正式比赛共有 4 天的赛程，对选手的身高、体能有一定要求，也是对选手毅力、意志的考验。

“美的事业”不简单

曾经有个阶段，覃慧很怕技术总结。

每次一看到梳理出来的十几个问题，加上几个教练你一言我一语的点评，覃慧的心态崩溃了，烦躁、焦虑、担心、反感等负面情绪一拥而上，眼泪、鼻涕直流，还不敢顶嘴。

在备赛过程中，覃慧也遭遇了难题。

“记忆最深的就是，距离比赛不到两个月的时间，比赛内容只公布了一个大概范围，在这个范围里有很多都是新东西，都需要重新学，具体的比赛内容只有在比赛的前 3 天才会公布。在备赛的过程中只能在短时间内学会新的东西。”的确，大赛当前，突然要改变练习了许久的手法，考验的不仅是选手的操作能力，更是抗压能力。覃慧说：“比赛不是为了我一个人，背后还有整个团队，调整好心情后我便迅速投入新的训练中，直到比赛前的最后一天，教练仍在指导我练习。”

功夫不负有心人，正因为有背后一群人的支持和自己敢于挑战的心态，在连续几天的比赛中，覃慧扛住了压力，也顺利地完成了这次比赛。

多年枯燥的训练，不仅考验身体素质，更是对心理素质的磨炼。当被问及是什么让她坚持下来时，覃慧笑着回答：“我喜欢不断突破舒适圈的感觉，也渴望走向更广阔的舞台。”

（渝仁轩）

美容项目团队

选手

覃　慧	重庆城市管理职业学院教师

集训基地

重庆城市管理职业学院
南京集红堂职业培训学校
山东省城市服务技师学院
武汉海峡萧氏美容发展有限公司
广东省轻工业技师学院
乌鲁木齐市特别特美容美发用品有限公司培训学校

技术指导专家

王　芃（组长）	重庆城市管理职业学院产业学院院长、特级技师
刘嘉嘉	重庆城市管理职业学院副教授、高级技师
郭秋彤	北京前沿华彩文化发展有限公司艺术总监、高级技师
宋钰琼	武汉海峡萧氏美容发展有限公司技术总监、高级技师
陈　琴	大连蒙妮坦形象艺术职业培训学校高级导师、技师

教练

李真芹（组长）	重庆城市管理职业学院副教授、高级技师
何　青	长沙市岳麓区艾幕美甲店技术总监、高级技师
赵文茵	广东省轻工业技师学院讲师、高级技师
殷惠莉	山东城市服务职业学院副教授、高级技师
姚　姝	南京集红堂职业培训学校校长、高级技师

翻译

毕永利	广东省技师学院教师
杨　欣	重庆城市管理职业学院教师

worldskills China

第三篇　铜牌

从平凡少年到园艺国手的蜕变之路

——记园艺项目铜牌获得者　闫志广　李华涛

闫志广，2002 年出生于安徽六安。2020 年进入黄山学院生命与环境科学学院园林专业学习。2022 年通过学校选拔进入黄山市集训队，并于同年进入安徽省集训队，2023 年在第二届全国技能大赛中获得园艺项目金牌。进入国家集训队，并通过选拔成为正选选手。获得“黄山市技术能手”“黄山市五一劳动奖章”“全国技术能手”等荣誉。2024 年 9 月参加第 47 届世界技能大赛园艺项目并获得铜牌。

李华涛，2002 年 7 月出生于广东湛江吴川。初中毕业后，他怀揣着对未来的憧憬，选择了广州市公用事业技师学院的建筑工程管理专业。一年后，在师兄杨华雄的鼓励下，李华涛鼓起勇气参加了试训。这一决定，成为他人生的转折点，从此开启了他在园艺领域的逐梦征程。

左起：李华涛、闫志广

国家集训队里的竞争更加激烈，要先经过个人赛，再重组赛分组，七轮考核后强强联手，最终闫志广和李华涛成为正选选手。

世赛舞台：荣耀背后的拼搏者

2024 年 9 月，闫志广和李华涛踏上了前往法国里昂的征途，登上了他们梦寐以求的世赛舞台。

比赛过程中，他们遭遇诸多挑战，如法国规格的材料、复杂的连接关系处理等，尤其是处理石墙、木平台、水池之间的连接关系，技术难度极高，既要保留缝隙，又要确保防水膜不漏水。面对前所未有的困难，他们并没有退缩，而是凭借着出色的技术和应变能力，克服了重重难关。尤其在第二个比赛日接近尾声时，面对石料不足的问题，他们与工作人员据理力争，征得主办方同意增补石块。正是这份坚持和勇气，使闫志广与李华涛出色地完成了比赛任务，最终斩获园艺项目铜牌。

站在领奖台上，闫志广和李华涛感慨万千："这种梦想成真的感觉真好！"他们深知，这份荣誉不仅属于个人，更属于在背后支持他们的家人、老师、队友和同胞们。当五星红旗在赛场上飘扬时，同胞们的加油呐喊声在耳边回响，他们心中充满了民族自豪感，更加坚定了技能报国的决心。

未来展望：技能传承的接力者

在闫志广和李华涛的身上，充分展现了青年们对梦想的执着追求、对技能的无限热爱和对国家的深切情怀。他们用自己的实际行动诠释了"一石一花筑梦路，技能报国写华章"的深刻内涵，坚信只要心中有梦、脚下有路、手中有技，就一定能够在技能的世界里书写出更辉煌的篇章。

（王晓亮）

园艺项目团队

选手

闫志广	黄山学院学生
李华涛	广州市公用事业技师学院职工

集训基地

安徽润一生态建设有限公司
上海建设管理职业技术学院
广州市公用事业技师学院
重庆三峡职业学院

技术指导专家

赵昌恒（组长）	黄山学院教授
伍全根	安徽润一生态建设有限公司花卉园艺师高级技师
汪小飞	黄山职业技术学院教授
马　涛	黄山学院教研室主任、讲师、花卉园艺工高级技师
杨　蕾	广州市公用事业技师学院绿色城建产业系主任、高级讲师

教练

伍全根（组长，兼）	安徽润一生态建设有限公司花卉园艺师高级技师
严　迪	安徽润一生态建设有限公司园林绿化工技师、高级考评员
刘柏辰	广州市公用事业技师学院讲师、工程师
温　康	重庆三峡职业学院教师、园林绿化工技师
郝少宇	上海建设管理职业技术学院教师、园林绿化工技师
徐　政	浙江建设技师学院高级讲师

翻译

曾　幸	江苏省盐城技师学院教师
刘雨艳	徐州工业职业技术学院教师

风雨过后总有彩虹

——记瓷砖贴面项目铜牌获得者　郭志豪

“虽然和金牌失之交臂，获得了铜牌，但是我全力以赴拼过了，就没有遗憾。”当地时间 2024 年 9 月 15 日晚，在法国里昂举行的第 47 届世界技能大赛闭幕式上，来自浙江建设技师学院的郭志豪身披五星红旗，实现了世赛夺牌的目标。

想要变得优秀，就必须付出比常人更多的努力。

入读浙江建设技师学院后，刚开始，郭志豪和大多数学生一样充满了迷茫。有一次，他参加了学院的绘制剖面图比赛，并意外地获得了第一名，这让他对建筑设计产生了浓厚的兴趣。

2019 年 10 月，郭志豪第一次参加浙江省职业技能大赛。虽然没有取得理想的名次，但是郭志豪却从中收获了宝贵的经验。

“我第一次感受到了比赛的紧张和压迫感，遇到了在平时训练中不曾遇到的问题，也让我明白了比赛时出现问题不能慌乱，需要冷静面对。”这次比赛之后，郭志豪训练更加刻苦，不断打磨自己的技术，提升速度和精度。

2020年12月，在第一届全国技能大赛上，郭志豪如愿获得了瓷砖贴面项目的冠军。

2024年3月，经过世赛阶段性考核，郭志豪终于如愿拿到第47届世界技能大赛的入场券。他经过短暂休整后，便马上进入了强化训练阶段。

“这一届的世赛规则和测试项目与历届世赛有很大的变化，瓷砖的材质类型不确定，不得使用自己携带的工具，还增加了六七个神秘模块，训练题目风格由艺术镶贴转换成偏向实用性的镶贴，规则上更加考验选手的应变能力。”项目教练高艳涛说。

“这是我首次与其他国家和地区的顶尖选手同台竞技，5年的辛勤训练让我对自己的实力充满信心。”在比赛中，他全神贯注地投入到每一个环节中，严格按照比赛规则和技术标准进行操作。他的每一个动作都精准流畅，每一块瓷砖的粘贴都恰到好处。

意外总是不期而遇。长期的训练，郭志豪的腰落下了职业病。正式比赛的第一天，因赛题中淋浴房、壁龛、水池这些模块需要不断弯腰导致他腰伤发作，尽管郭志豪咬牙坚持，但是疼痛不断袭来，严重影响了他当天的比赛状态和操作进度。在后面的几个比赛日，郭志豪每天都服用止痛药坚持比赛，他以顽强的毅力不断将拉开的差距慢慢追回来，最后有惊无险地顺利完成作品，为国家获得了一枚宝贵的铜牌。

从2019年开始接触瓷砖贴面到现在已有5年之久，郭志豪始终没有停下前进的脚步。奋斗的过程是艰辛的，但风雨过后的彩虹总是美丽的。回校后，郭志豪立刻和梯队选手复盘本次比赛的经过和试题。“接下来，我要把训练和比赛的经验传承给师弟师妹们，让他们也能通过技能成才，实现自己的梦想。”郭志豪说。

（包子力）

瓷砖贴面项目团队

选手

郭志豪	浙江建设技师学院教师

集训基地

烟台城乡建设学校
浙江建设技师学院
郑州商业技师学院
重庆建筑高级技工学校（重庆建筑技师学院）
宁夏水电技师学院

技术指导专家

王华飞（组长）	浙江建设技师学院高级实习指导教师
张　强	郑州商业技师学院高级讲师
陈后畏	江西省建筑工程高级技工学校高级讲师
韩祖丽	广西理工职业技术学院副教授

教练

王华飞（组长，兼）	浙江建设技师学院高级实习指导教师
高艳涛	浙江建设技师学院高级实习指导教师
臧国才	烟台城乡建设学校高级技师
王崇杨	重庆建筑高级技工学校（重庆建筑技师学院）技师
白　娟	宁夏水电技师学院讲师、技师
张雪枫	烟台城乡建设学校技师
岳　钊	郑州商业技师学院技师

翻译

高敬宙	邢台技师学院教师
任培怡	河北省唐山市技师学院（唐山工业职业技术大学）教师

“桉”心照护 繁花一路

——记健康和社会照护项目铜牌获得者 曾小桉

世赛舞台上，她面带笑容，与标准化病人温馨对话，耐心询问病情，仔细评估病因，制订照护计划，撰写反思报告……这是上海健康医学院 2024 届护理学专业本科毕业生曾小桉在第 47 届世界技能大赛健康和社会照护项目比拼时的场景。

历时 4 天，经过 22 个小时的比拼，完成 16 项任务。曾小桉以精湛的技能水平和温暖的人文关怀，最终荣获健康和社会照护项目铜牌。

以梦为马 技能逐梦

自幼怀揣医学梦的“00 后”曾小桉，高考后毅然选择了医学类院校。进入上海健康医学院后，曾小桉一直是护理专业的佼佼者。看到学院师姐吴怡欣在世赛特别赛、国赛上屡获大奖，技能筑梦的种子在曾小桉心中慢慢生根发芽。

2023 年 4 月，曾小桉以优异的表现，获得上海市集训队选拔赛第一名，随后，在同年 9 月的第二届全国技能大赛上夺魁。2024 年 3 月，凭借着精湛的护理技能，曾小桉从国赛集训考核中脱颖而出，代表国家出征在法国里昂举办的第 47 届世界技能大赛。

自我超越 传递温暖

世界技能大赛健康和社会照护项目涉及 4 个模块，即居家、社区、机构和日间照护，为顾客、患者提供符合健康需要的身体和心理照护以及家庭和社会的支持，促进个人疾病康复，提升自我健康管理能力，获得高质量生活。简而言之，即考察“六个会”：会沟通、会评估、会计划、会实施、会宣教、会改进。

“与以往赛事不同的是，本次比赛强度更大，照护战线拉长，赛题也是开‘盲盒’，对选手临场发挥有着更高的要求。比赛就是战场，就必须有的放矢、各个击破。”第 47 届世界技能大赛健康和社会照护项目教练表示。

赛场中，曾小桉需要完成 10 名标准化病人的照护和 6 项文书的撰写，其中 4 项为制订照护计划，2 项为撰写案例反思报告。

不同的照护场景，曾小桉需要面对不同病情的标准化病人。有的患有多发性硬化，有的患有糖尿病和慢性肾病，这需要曾小桉仔细观察分析患者的病情，根据病情，回答病人的询问，并提供个性化照护方案。

曾小桉一直“笑靥如花”，从容冷静地完成了整场比赛。最终，曾小桉以梦为马，一路繁花，夺得第 47 届世界技能大赛健康和社会照护项目铜牌。曾小桉的故事，是梦想与坚持的赞歌，是技能与人文的交融，更是坚韧与执着的见证。

载誉归来后，曾小桉对未来充满期待，“现在，我已经成为学院的一名科研助理。我将深耕护理领域，分享大赛经验，希望带动更多年轻人投身于护理事业，用自己的行动诠释‘白衣天使’的使命和意义——不仅要有扎实的专业技能，更要有温暖的人文关怀和坚韧不拔的精神。”

（记者　崔玮）

健康和社会照护项目团队

选手

曾小桉	上海健康医学院科研助理

集训基地

上海健康医学院
黑龙江省林业卫生学校
江苏省常州技师学院
河南医药健康技师学院
广州市轻工技师学院
重庆市卫生高级技工学校

技术指导专家

周　嫣（组长）	质思安认证（北京）有限公司独立评审员
谢　晖	蚌埠医科大学护理学院院长、教授
张亚丽	河南医药健康技师学院主管护师
宋　冉	鸿泰医疗集团副总经理
梅建国	重庆市卫生高级技工学校校长、高级讲师

教练

徐淑芹（组长）	上海健康医学院教研室主任、副教授
吴怡欣	上海健康医学院助理实验师
谢　瑾	广州市激扬企业管理咨询有限公司医学翻译部经理
来庆专	山东医药技师学院助教
栾丽娜	黑龙江省林业卫生学校世赛办教研室主任

翻译

江　雪	公安部第三研究所副研究员
林　璐	河南医药健康技师学院图书馆副馆长、讲师

从“零基础”到“餐厅服务工匠”

——记餐厅服务项目铜牌获得者　王子桐

王子桐，一名来自江苏省徐州技师学院的小姑娘，在第 47 届世界技能大赛的舞台上，在法国里昂的激烈角逐中，她凭借着卓越的专业技能从一众选手中脱颖而出，为中国赢得了自参加世赛餐厅服务项目比赛以来的第一枚奖牌。在这之前，中国在该项目的最好成绩是第九名。能在以法式大餐闻名世界的法国摘得这枚铜牌，这让许多专家为王子桐竖起了大拇指。

4 年前，王子桐考入江苏省徐州技师学院数控加工专业。对于餐厅服务，王子桐并无深入了解，认为只不过是简单的餐饮操作，是一次学校大赛俱乐部的课外活动，让她对这个充满挑战与机遇的新天地产生了极大的兴趣。教练李唐老师慧眼识珠，将她招募到餐厅服务项目大赛集训队中。从此，她找到了自己喜欢的领域，从“零”开始，逐步领略到这个职业背后的独特魅力与技艺精髓。

然而，在学习训练过程中，跨专业、零基础的王子桐还是遇到了很多困难，她需要

在完成自己原本专业学业的同时，利用课余和周末练习。在多次校内集训队考核中，她的名次都排到了后面，是这位徐州姑娘内心的韧劲和坚持，让她走到了最后。王子桐说："当你不知道怎么办的时候，就咬咬牙，擦干眼泪，坚持住！"

终于，不服输的坚持再次为她的人生带来了转机，2024 年，在第 47 届世界技能大赛全国集中考核中，她以出色的表现逆风翻盘，以第一名的成绩拿到了法国里昂第 47 届世界技能大赛的入场券。

世界技能大赛餐厅服务项目的比赛要求是选手在 4 天内需要全程使用英语与外国客人沟通，满足客人的各种用餐需求。服务过程中不仅要掌握高超的服务技能，还要兼任侍酒师、调酒师、咖啡师，甚至部分厨师的角色，确保餐厅内所有与"吃"和"喝"相关的服务都能达到极致。

三年磨一剑，每一个细微的动作，每一个精准的细节，都凝聚着王子桐的辛勤汗水与不懈努力。餐桌布置的精度需控制在 1 毫米以内，饮品的配方要精确到 0.1 毫升，甚至要辨别同一葡萄品种在不同国家生产的微妙风味差异。这种对完美的极致追求，让她在强手如云的西方选手中脱颖而出。

第 47 届世界技能大赛餐厅服务项目在历史上首次采用"不公开命题"的形式进行比赛。当赛题揭晓时，教练团队发现其中出现了平时未曾接触过的模块。团队迅速确定应对方案，王子桐凭借着扎实的基础与灵活的应变能力，成功地应对了新的挑战，在整个比赛期间大放异彩！

在餐巾折花环节，王子桐看到裁判们围在自己的桌子旁热烈讨论时心中不禁紧张起来，直到赛后一位裁判向她竖起了大拇指她才放心。最后，她精湛的技艺与独特的创意赢得了全场裁判的一致好评。

"这就是'中国服务'，welcome to China!"王子桐自豪地说，"我为生活在一个重视技能人才的时代深感幸运，很高兴自己能够成为一名优秀的餐厅服务员，我也深刻体会到了'三百六十行，行行出状元'的真谛。我衷心祝愿每一位投身于技能学习的学子，未来都能成为各自领域的佼佼者！"

（李唐　王卉娟）

餐厅服务项目团队

选手

王子桐	江苏省徐州技师学院学生

集训基地

江苏省徐州技师学院
盘锦福德汇餐饮管理有限公司
上海南湖新型技师学院
杭州第一技师学院
郑州财经技师学院

技术指导专家

王　欢（组长）	天津瑞吉金融街酒店总经理
徐孙君	江西省电子商务高级技工学校副教授
李　鑫	上海桃浦雅辰悦居酒店副总经理
辛亚萍	盘锦福德汇餐饮管理有限公司总经理

教练

陈　蕴（组长）	上海城建职业学院副教授
陈　初	郑州财经技师学院正高级讲师
李　历	杭州第一技师学院高级技师
李　唐	江苏省徐州技师学院高级讲师
房　厦	深圳职业技术大学讲师
谌莲莲	安徽工业经济职业技术学院副教授

翻译

岳颖琳	中国航空工业集团有限公司高级工程师
高　美	上海南湖职业技术学院教师

worldskills China

第四篇　优胜奖

用智慧和汗水调色技能人生

——记汽车喷漆项目优胜奖获得者　陈彬彬

2024 年 9 月，在第 47 届世界技能大赛上，杭州技师学院陈彬彬斩获汽车喷漆项目优胜奖。用了 4 年时间，陈彬彬终于站上了梦想的舞台，伸手触摸到自己最初的向往。

2017 年 9 月，陈彬彬从安徽到杭州技师学院求学。受学校世界技能大赛冠军“双子星”杨金龙、蒋应成的影响，他选择了汽车喷漆专业。求学期间，他加入了学校集训队，始终注重基本功训练。2019 年 10 月，在企业实习的陈彬彬回校参加技能竞赛选拔。几年来，他历经层层考验，终于在 2024 年 3 月，第 47 届世界技能大赛汽车喷漆项目国家集训队“6 进 1”选拔中获得第一名，成为代表中国参加第 47 届世界技能大赛汽车喷漆项目的正式选手。漫长的备赛过程，让他实现了技能水平的飞速提升和全面成长。

学校为陈彬彬制订了专门的集训备赛计划，赴国内贵州、北京集训基地集训，赴德国参加欧洲地区对抗赛，邀请德国代表队的专家及选手来校开展技术交流及强化训练。

跟往届世界技能大赛相比，本届汽车喷漆项目比赛增加了两个模块，但比赛时长不变，对选手而言，无疑要面临更大的挑战。在比赛难度增加、竞争激烈的情况下，陈彬彬沉着冷静、认真作业，凭借良好的身体素质、强大的抗压能力、过硬的技术水平，圆满地完成了所有比赛项目。

回想备赛的训练过程，陈彬彬表示，曾经为了喷出完美的漆面，最疯狂的时候，有 60 多天没出过校门。每天早晨 8 点准时开始训练，下午 5 点结束。晚上再继续查找、解决白天训练中的问题，直到晚上 10 点才会离开车间。训练用的喷枪非常重，连续喷漆，对臂力和体力都是极大的考验。即使在 40 摄氏度的高温天气里，他全身上下也要被裹得严严实实。

比赛的背后，不仅是个人刻苦训练的汗水，更承载着团队的辛勤付出。选手日复一日、精益求精的高强度训练，专家教练团队、基地保障团队以及各级主管部门齐心协力、共同奋斗。在经历将近 1 000 个日夜的艰苦训练和不懈努力后，陈彬彬终于站上世界技能大赛的舞台，与世界一流高手同台竞技，并最终获得优胜奖。

从世界技能大赛的舞台回到学校的陈彬彬，立足教师岗位，致力于把工匠精神、世赛经验用在教学工作中，帮助更多有“技能梦”的青年走上技能成才之路。

从学生到选手再到教师，陈彬彬不断用智慧和汗水调制着属于自己的技能人生，这智慧是精益求精的工匠精神、是坚韧不拔的心态，这汗水透着面对挫折、不断成长的勇气与底气。

（杭仁轩）

汽车喷漆项目团队

选手

陈彬彬	杭州技师学院教师

集训基地

杭州技师学院
北京汽车技师学院
江苏省淮海技师学院
广西交通技师学院
贵州交通技师学院

技术指导专家

张小鹏（组长）	庞贝捷漆油贸易（上海）有限公司培训及售后服务总监、高级技师
梁思龙	杭州技师学院教师、高级技师
陈郁涛	杭州仰望汽车销售有限公司服务总监、高级技师
连清彪	浙江之信汽车有限公司技术总监、高级技师
杨金龙	杭州技师学院整形涂装与设计学院副院长、特级技师
周　越	庞贝捷漆油贸易（上海）有限公司技术培训经理、高级技师

教练

梁思龙（组长，兼）	杭州技师学院教师、高级技师
袁明明	江苏省淮海技师学院教师、高级技师
罗宗港	广西交通技师学院教师、高级技师
彭钰超	贵州交通技师学院高级技师
殷国松	北京汽车技师学院高级技师

翻译

李　珺	荆门技师学院讲师
夏洁妮	杭州技师学院教师

温玉少年　举“重”若轻

——记重型车辆技术项目优胜奖获得者　翁研

翁研，21 岁，安徽六安人，第 47 届世界技能大赛重型车辆技术优胜奖获得者，来自宁波技师学院。

翁研与宁波结缘是因为父母被宁波的发展吸引，于是举家来到这座“书藏古今，港通天下”的魅力之城。中考结束后，过了普通高中录取分数线的他，一方面考虑到自身文科劣势，另一方面考虑到自己的兴趣爱好和未来就业，在填报志愿时，他选择了技工教育，就读于宁波技师学院汽车维修专业（汽车技术双创班）。

2019 年，学校在拍摄《我们都是追梦人》的纪录片时，翁研被选为学生代表，参与拍摄以重型车辆维修项目教练高吉为代表的“宁技人”奋斗故事。从那以后，他便成了学校重型车辆实训车间的常客。从每周都回家，到每个月回家一次；从第一次考核有不合格，到第二次考核小失误，再到第三次考核过关，点滴的进步让他看到了努力的收获，也让他更加坚信了自己当初的选择。

2020 年，在第一届浙江省技能大赛宁波市选拔赛中，他以优异的成绩晋级省赛，同时也赢得了去其他企业和学校交流的机会。这期间他跟着老师去过上海，走过安徽，到过杭州，也打卡过金华。这段经历开阔了他的眼界，也让他对重型车辆技术项目有了更多的思考。

2022 年年底，为进一步加强“重型车辆运用与维修专业”人才培养的师资队伍力量，在合作企业的大力支持下，已经参加工作的翁研决定将自己在企业所学的技能带回母校、反哺母校，从事该新专业的教学。2023 年 9 月，第二届全国技能大赛他和学生一同参赛，因自身丰富的实战经验和过硬的技术水平，让自己成为代表浙江省参加这个赛项的选手，并最终在国赛赛场上，以精湛的技术水平、过硬的心理素质和良好的竞技风貌，收获第二届全国技能大赛重型车辆维修项目的金牌，不仅为自己赢得了人生的第一枚金牌，也为自己赢得了第 47 届世界技能大赛的入场券。

在法国里昂，翁研虽然以毫厘之差取得了优胜奖，留下了遗憾，但是也正是这次遗憾，让翁研看到了我们在重型车辆技术方面和其他选手的差距和不足，为他下一步在培养该领域技能人才方面，提供了重要的指导。

翁研说："每一条路都有无尽的未来，只是它或许蜿蜒曲折，或许直通终点。但我有信心、有决心将遗憾化为动力，让宁波的'重车之路'行稳致远。感谢时代、感谢宁波、感谢宁波技师学院为我打开的这扇窗，让我看到了更加广阔的世界！"

（贾磊利）

重型车辆技术项目团队

选手

翁　研	宁波技师学院职工

集训基地

湖北东风汽车技师学院
宁波技师学院
山东交通技师学院
广州市交通技师学院
重庆交通职业学院
宁都技师学院

技术指导专家

刘庆华（组长）	宁波技师学院正高级讲师、高级技师
刘海峰	山东交通技师学院正高级实习指导教师、高级技师
孙定华	常州交通技师学院工程车辆系主任、正高级讲师、高级技师
马秀成	沃尔沃建筑设备投资（中国）有限公司高级培训师

教练

吴　杰（组长）	湖北东风汽车技师学院正高级实习指导教师、高级技师
段德军	山东交通技师学院高级讲师、高级技师
王朝帅	广州市交通技师学院高级讲师、高级技师
高　吉	宁波技师学院一级实习指导教师、高级技师
彭智峰	广西柳工机械股份有限公司特级技师
彭　杰	北京福田戴姆勒汽车有限公司戴姆勒全球认证培训师

翻译

杨　欣	重庆城市管理职业学院教师
马　丽	湖北东风汽车技师学院教师

执木工斧凿　守技能匠心

——记木工项目优胜奖获得者　李港龙

经过 3 年时光的磨炼，李港龙凭借非凡的毅力和卓越的才华，从技艺生涩的木匠学徒成长为代表国家出征的世赛选手。他日夜雕琢，精益求精，一斧一凿，匠心独运。终于在第 47 届世界技能大赛上展露出了属于自己的独特光芒。

2019 年的夏天，李港龙刚刚迈过中考这道门槛，正驻足人生的十字路口，陷入迷茫。就在这时，就读于广州市轻工技师学院电子商务专业的姐姐推荐他进入广州市轻工技师学院求学。

2021 年，广州市轻工技师学院进行木工项目世赛梯队海选。李港龙把握住了这个机会，下定决心进入木工行业。现在的李港龙还能回忆起当初第一次动手制作木工作品时那种激动的心情。同年 5 月，他成功入选了学院木工项目世赛梯队，成为了木工世界里新的“探索者”。

广州市轻工技师学院作为第 47 届世界技能大赛木工项目中国集训基地，曾培育出多位木工项目的优秀人才。李港龙深知，能在学院的集训基地备赛，是一种莫大的幸运。为了不辜负学院的支持，李港龙每天集训超过 12 个小时。暑假学校安排直接送餐到实训室，他更是过上了每天从宿舍到实训室“两点一线”的生活。

2024 年 7 月，学院邀请澳大利亚木工项目的专家和选手来到集训基地，进行了一场国际交流赛。通过这次交流赛，李港龙对即将到来的世赛更有信心了。

2024 年 9 月，令人期待已久的世赛比拼终于开始了！本届世赛木工项目的赛题比起往届显得“暗藏玄机”。在第一天比赛结束后，李港龙发现自己的作品中存在一个失误。在这紧张的时刻，教练安抚他：“失误已经成为定局，但不影响接下来的加工，稳住！跟着平时训练的节奏来，我们依然可以拿下比赛！”

在比赛第二天，李港龙根据教练组对图纸给出的科学加工流程以及工艺步骤安排，最终按赛题要求成功完成了自己的作品。最终，李港龙荣获第 47 届世界技能大赛木工项目的优胜奖。

从木工项目的“生手”到“国手”，这是李港龙在无数个日夜里挥洒汗水走过的路。3 年时间，他在创造一件件优秀木工作品的同时，木工项目也在将他一点点玉琢成器。未来，这位满怀理想信念、敢于拼搏的青年，还有很多个 3 年，他的工匠之路一定会更加光明。

（王宇）

木工项目团队

选手

李港龙	广州市轻工技师学院教师

集训基地

重庆市万州高级技工学校
邢台技师学院
黑龙江林业职业技术学院
广州市轻工技师学院

技术指导专家

张志刚（组长）	黑龙江林业职业技术学院副院长、教授
王艳福	黑龙江林业职业技术学院副教授
陈秋宇	重庆万州技师学院教师、高级技师
巫晓金	广州市轻工技师学院高级技师
谢健山	深圳鹏城技师学院教师、高级技师

教练

张志刚（组长，兼）	黑龙江林业职业技术学院副院长、教授
傅泽勋	亚振家居股份有限公司高级技师
彭维新	甘肃工商技师学院副教授
王纵横	黑龙江尚轩木业有限公司技师
潘永坚	广州市轻工技师学院高级技师
王军强	邢台技师学院技师

翻译

林　璐	河南医药健康技师学院图书馆副馆长、讲师
王　瑾	湖北三峡技师学院教师

在反复淬炼中成长

——记网络系统管理项目优胜奖获得者　莫天

2017 年，初中毕业的莫天收到了重点高中的录取通知书。但莫天觉得国家正在大力发展技工教育，鼓励青年走技能成才之路，与其到重点高中上一个普通班，还不如找一家顶尖的技工院校去拼一拼。经过与家人认真讨论，莫天争取到了家里的支持。经过多方面比较，莫天最终选择就读广州市工贸技师学院计算机网络应用专业。

当莫天第一次参观学校的网络系统管理项目中国集训基地时，他还是一个电脑“小白”。然而，当他看到电脑屏幕上五颜六色的操作指令时，各种好奇充满了他的脑海。通过自己的努力，莫天经过层层选拔，在网络系统管理项目精英班扎下了根。为走上世界技能大赛的舞台，莫天先后经历了广州市选拔赛、广东省选拔赛、全国技能大赛和国家集训队考核。因为只有在每一场关键比赛中都拿到第一名，才有希望拿到世界技能大赛的入场券。所以对莫天来说，每一场选拔赛无疑都是巨大的挑战。

“每个参赛选手实力都很强大，大家都和我一样渴望夺得金牌。”为在中国集训队中脱颖而出，莫天加倍刻苦训练，每天都致力于攻克技术难点、制定解题策略、提高熟练度和速度，有时甚至连吃饭和睡觉都在集训基地度过。经过日复一日的努力拼搏，莫天终于拿到了世赛入场券。

第 47 届世赛网络系统管理项目首次采用第三方秘密命题的方式，而且每个模块都增加了自动化编程的内容，其中一个比赛模块的时间更是从原来的 2 个小时增加到 3 个小时，比赛难度大大提升。尽管如此，莫天还是全力以赴、发挥稳定，最终获得总分 723 分，在 25 名参赛选手中以第五名的成绩取得优胜奖。

莫天说，未能位列三甲，有些许遗憾，但备赛路上所练就的坚持与奋斗，是自己更重要的收获，感谢教练的跟训指导和学校的全方位支持。莫天表示，他将继续砥砺前行，努力传承工匠精神，在未来的职业生涯中发光发热，为行业发展、强国建设和民族复兴贡献力量！

（方常亮）

网络系统管理项目团队

选手

莫　天	广州市工贸技师学院教师

集训基地

广州市工贸技师学院
天津市电子信息技师学院
嘉兴技师学院
安徽阜阳技师学院
贵州省电子信息技师学院

技术指导专家

田　钧（组长）	广州科技贸易职业学院教授
陈月东	江苏省盐城技师学院正高级讲师
张守兵	天津市电子信息技师学院高级讲师、高级技师

教练

黄道金（组长）	广州市工贸技师学院技师
王登州	嘉兴技师学院高级讲师
黄金强	广州齐鼎信息科技有限公司技师
马金池	广州习创信息科技有限公司技师
王袁帅	安徽阜阳技师学院高级实习指导教师
李　智	贵州机电职业技术学院副教授
肖　威	广州市工贸技师学院高级技师

翻译

刘雨艳	徐州工业职业技术学院教师
李　珺	荆门技师学院讲师

修炼复合技能　成就独当一面

——记网站技术项目优胜奖获得者　庞泽锐

庞泽锐作为横跨商务软件解决方案、网站技术项目的种子选手，历经 5 年的时间，逐渐成长为代表中国参加世界技能大赛的选手。他经历过波折，也收获过喜悦，最终站上了第 47 届世界技能大赛的舞台。此时的他，感到无比充实。

2019 年 6 月，庞泽锐通过在学校的出色表现，成功代表学校参加世赛商务软件解决方案项目上海选拔赛，正式开启他的世赛旅程。只有一名选手才能代表上海参加国赛，面对这样的挑战，他懂得只有精益求精才有可能在众多选手当中脱颖而出。最后，他在第一届全国技能大赛商务软件解决方案项目中收获铜牌。就在那时，他树立了更高的目标。

庞泽锐在进入商务软件解决方案项目中国集训队后，由于该项目新增了网站技术相关的内容，他来到上海信息技术学校的网站技术项目中国集训基地，作为旁听生进行训练。

进入 2022 年，随着各个行业对于信息技术从业人员的要求逐渐提升，一岗多能、一人多技的模式受到越来越多用人单位的欢迎。“我要成为一名复合型技能人才”，树立下这个目标后，他毅然决定转入新的项目。按照规定，曾入选商务软件解决方案项目中国集训队的选手可以直接入选后续的集训队，而切换到网站技术项目，他却需要作为一个新人从地区选拔赛开始重新挑战。

从头开始，上海选拔赛、国赛、中国集训队集训阶段考核，他始终紧抓那个唯一能够进入下一轮次的名额，最终在 2024 年 3 月，他如愿取得了网站技术项目代表中国参赛的资格。

2024 年 9 月，第 47 届世界技能大赛在法国里昂如期举行。作为参赛人数众多的项目，他面对着来自不同国家和地区的选手，应对着本届改变较大的赛制。尽管最终未能实现夺金的夙愿，但是他始终铭记 5 年来挑战世赛之巅的日日夜夜，感恩陪伴他一路走来的基地、学校和专家团队，他也非常感激党和国家重视和培育高技能人才的优厚政策。

筑梦远行，相信他最终会成长为一名能够独当一面的全栈工程师。

（吴迎祥）

网站技术项目团队

选手

庞泽锐	上海行健职业学院学生

集训基地

上海谊信新型技师学院
江西省电子信息技师学院
漯河技师学院
广州市工贸技师学院
贵州省电子信息技师学院

技术指导专家

张　凌（组长）	上海懂车族网络技术有限公司产品经理
吴迎祥	上海信息技术学校高级技师、一级实习指导教师
盛新原	北京字节跳动科技有限公司前端开发高级工程师
秦　勤	上海树维信息科技有限公司高级设计师
周　鑫	晶程甲宇科技（上海）有限公司高级工程师

教练

吴迎祥（组长，兼）	上海信息技术学校高级技师、一级实习指导教师
冯家乐	上海谊信职业技能培训中心教师、技师
吴小华	江西省电子信息技师学院高级讲师
李　骞	广州市工贸技师学院技师
徐　兴	贵州机电职业技术学院副教授
王　浩	漯河技师学院教师、高级网站开发工程师

翻译

林小越	广州市工贸技师学院教师
刘娜娜	上海信息技术学校教师

从困境中崛起　砥砺前行

——记网络安全项目优胜奖获得者　刘志赞　洪家聪

在2024年第47届世界技能大赛的网络安全项目中，刘志赞与队友洪家聪携手取得第六名的佳绩，荣获优胜奖。这一成绩不仅彰显了他们在网络安全领域的卓越才华，也见证了他们刻苦奋斗的成长历程。

左起：刘志赞、洪家聪

刘志赞出生于江西省抚州市临川区的一个贫困山区，家庭条件十分艰苦，父母均为残疾人。尽管生活困顿，但是他并未因此放弃自己的梦想，反而更加坚定了改变命运的决心。通过勤奋学习，刘志赞成功考入南京航空航天大学的计算机专业，并在学习过程中对网络安全产生了浓厚的兴趣。凭借自学和参加各类竞赛，他逐渐成为国内网络安全项目竞赛的“新星”。

毕业后，刘志赞选择到重庆电子科技职业大学担任讲师，致力于职业教育。他积极推动网络安全技术的普及，组织讲座和竞赛，并邀请业界专家与学生互动，帮助学生构建坚实的技术基础。

洪家聪的成长历程也充满了奋斗的故事。他在中考后选择了广东省技师学院计算机专业。在专业学习中，他迅速找到了乐趣并沉浸其中。除了通过课堂学习打好基础之外，他还通过网络慕课等方式不断拓宽自己的知识面，努力提升技术能力。

在历时4天的世赛比拼中，刘志赞与洪家聪共同完成了基础设备和设施安全加固、应急响应与电子取证、夺旗挑战赛（CTF）、安全分析及防御4个模块的比赛任务。最终，他们凭借扎实的技术和沉着的应变能力，取得了第六名的好成绩。这一成绩不仅为他们个人带来了荣耀，也向世界展示了中国在网络安全领域的实力。

赛后，刘志赞和洪家聪都计划继续深耕网络安全领域，追求学术和技术上的更大进步。刘志赞希望能够带领更多学子走向国际舞台，将他们培养成世界级的网络安全人才，他将继续推动网络安全教育的发展，为国家的网络安全贡献自己的智慧和力量。洪家聪希望通过自己的努力，激励更多年轻人投身于网络安全事业，培养他们的专业技能和创新能力。

刘志赞与洪家聪的故事，不仅是个人奋斗的缩影，更是新时代青年在网络安全领域拼搏的真实写照。他们用自己的经历证明，只要坚定信念，努力追求，就一定能够从困境中崛起，成就自己的梦想。在未来的日子里，他们将继续在网络安全的道路上砥砺前行，为国家的网络安全事业贡献自己的力量。

（渝仁轩　谭俊科）

网络安全项目团队

选手

刘志赞	重庆电子科技职业大学教师
洪家聪	广东省技师学院教师

集训基地

北京电子信息技师学院
上海海盾安全技术培训中心
苏州市电子信息技师学院
江西省电子信息技师学院
重庆电子工程职业学院
成都东软学院

技术指导专家

武春岭（组长）	重庆电子科技职业大学人工智能与大数据学院院长、教授
鲁先志	重庆电子科技职业大学教授
俞雪丽	北京电子信息技师学院高级讲师
张之刚	大唐中南电力试验研究院正高级工程师

教练

鲁先志（组长，兼）	重庆电子科技职业大学教授
赵桂飞	北京电子信息技师学院高级实习指导教师
樊亦胜	上海海盾安全技术培训中心副研究员
高　杨	苏州市电子信息技师学院高级实习指导教师
辛诚琨	江西省电子信息技师学院讲师
张　靖	重庆电子技师学院高级工程师
罗晓飞	成都东软学院副教授

翻译

田　坤	铁岭技师学院（辽宁工程职业学院）工程师
江　雪	公安部第三研究所副研究员

青春如花　技能绽放

——记花艺项目优胜奖获得者　蒋兆珩

蒋兆珩，一位来自普通家庭的少年，却怀揣着不平凡的梦想。自幼对美术有着浓厚兴趣的他，总在课余时间里，拿着画笔一笔一画地勾勒着自己的小天地。十余年的美术学习，积淀出他的灵性审美。2021 年，他进入上海建设管理职业技术学院学习园林技术。不久，学院作为世赛花艺项目中国集训基地，开始选拔第二届全国技能大赛的选手，他很偶然地参与了选拔并成为关注的焦点。从此，“站上世界技能大赛舞台”这粒“梦想之花”的种子在他心中开始扎根发芽。

2024 年，对蒋兆珩来说是意义非凡的一年。这一年，他夺得了第 47 届世界技能大赛花艺项目优胜奖。闭幕式上，盯着大屏幕上公布的成绩，蒋兆珩心中充满了激动和自豪。在这份荣耀的背后，是他无数次的“战胜自己”和日复一日的刻苦训练。

“许多人会误以为‘花艺’仅仅是插花。但实际上，它要求选手要有艺术创意，还要精细处理花材，熟练使用热熔胶枪、电钻、钳子等工具进行花材切割和架构制作，是一项融合创意、审美、手工技艺和体力的综合挑战。”蒋兆珩说。

除了个人的努力，蒋兆珩的成功也离不开团队的支持。在备赛过程中，他得到了来自学院的关心和帮助：技术支持、后勤保障、心理疏导……全方位保障他全身心地投入到技能提升中。

如今，蒋兆珩已经回到了校园，并开始了新的学习生涯。回忆起在法国里昂比赛的场景，他说：“国外选手训练时长不及我们，但在创意上往往有出人意料的表现。在第四天的‘神秘箱’环节，题目没提供‘蛋糕和点心’线索，国外有选手把大、中、小三块花泥用小柱子撑起来，模仿婚礼蛋糕，我看了之后很受震撼。”未来，蒋兆珩希望有机会站上更大的舞台，把花艺融入园林设计，将大赛上汲取的大胆创意传授下去，为技能的传承和发展贡献力量。

心中有梦、脚下有路，定能书写自身的“惊喜”故事。在未来的日子里，相信蒋兆珩会继续秉承初心、砥砺前行，在技能的道路上越走越远、越飞越高。

（王晟妤虹）

花艺项目团队

选手

蒋兆珩	上海建设管理职业技术学院学生

集训基地

上海建设管理职业技术学院
杭州第一技师学院
潍坊市技师学院
福建农业职业技术学院
重庆市风池荷语职业培训学校

技术指导专家

朱迎迎（组长）	上海市建设工程安全质量监督总站正高级工程师
项一鸣	上海罗唯花艺设计有限公司总经理
潘沈涵	上海建设管理职业技术学院特聘教师
杨灵芝	上海农林职业技术学院讲师

教练

项一鸣（组长，兼）	上海罗唯花艺设计有限公司总经理
蒋孟良	上海建设管理职业技术学院技师
宋晓军	杭州第一技师学院讲师
赵洪鋆	潍坊市技师学院技师
肖晓梅	福建农业职业技术学院副教授
王越惠	重庆市风池荷语职业培训学校高级技师
朱满华	上海建设管理职业技术学院讲师

翻译

王　瑾	湖北三峡技师学院教师
朱满华	上海建设管理职业技术学院讲师

让优质服务闪耀国际舞台

——记酒店接待项目优胜奖获得者　朱立萱

在第 47 届世界技能大赛酒店接待项目中，来自上海商学院的朱立萱凭借出色表现荣获优胜奖，成绩位列第七名，在东亚参赛队中排名第一。她用实际行动诠释了“技能成才，技能报国”的精神，将个人梦想与祖国需求紧密结合，以青春和汗水描绘出奋斗者的风采。

自 2020 年起，朱立萱便开始备战世界技能大赛酒店接待项目。在学院的全力支持下，她走出校园，进入全国 20 余家五星级酒店集训，积累了丰富的实战经验。训练过程中，她的双脚布满血泡，膝盖多次受伤，却始终未曾退缩。面对酒店接待项目对英文交流的高要求，她全程坚持英语交流，通过收听英语广播、练习发音，逐渐达到了专业服务的国际标准。

朱立萱的成长离不开教练团队的悉心指导。教练们不仅在技能上严格要求她，也在心态、服务态度等方面给予她全面支持，帮助她克服备战过程中的一切困难。教练团队的付出和关爱让朱立萱深感温暖，她表示：“没有他们，我无法走到今天。每一个细节都是教练们一次次打磨的成果，我心中充满了感激之情。”她在长期、细致地训练中锻炼出的不仅是技能，更是毅力与责任心。她回忆道：“每一刻都充满挑战，但也充满了意义。在拼尽全力的过程中，我发现了一个更强大的自己。”

在法国里昂的第 47 届世界技能大赛上，朱立萱站上了国际舞台迎接挑战。她以流利的英语和从容的姿态，展示了出色的服务技巧和应变能力，赢得了评委与观众的一致认可。她取得的优胜奖不仅是中国在酒店接待项目上的新突破，也充分展示了中国青年一代的自信与风采，证明了中国技能人才在全球

舞台上的实力与潜力。

如今，朱立萱已成为上海市信息管理学校的一名教师，传承技能的火炬，积极参与新一届世赛选手的培养工作。她将自己在备赛过程中的经验毫无保留地传授给下一代，激励更多的青年走上技能成才的道路。她希望在未来的国际赛场上能看到更多中国选手的身影。

朱立萱的经历是技能成才、技能报国的生动写照。她将继续前行，用青春和奉献书写青年党员的担当，践行工匠精神，在世界舞台上为祖国增光添彩。

（沪仁轩）

酒店接待项目团队

选手

朱立萱	上海商学院学生

集训基地

上海商学院
杭州第一技师学院
潍坊市技师学院
郑州商业技师学院
江西省电子商务高级技工学校

技术指导专家

胡　晓（组长）	云南财经大学旅游与酒店管理学院酒店管理系主任
李子华	青岛国信海天大酒店有限公司总经理
冯　颖	上海虹桥世界绿地酒店群副总经理
徐智宏	北京丽都皇冠假日酒店总经理
向海林	杭州临平皇冠假日酒店总经理

教练

姜　红（组长）	上海商学院酒店管理学院院长、教授
张建红	杭州第一技师学院高级讲师
宋志培	上海商学院酒店管理学院讲师
谌　威	江西省电子商务高级技工学校讲师

翻译

曾人杰	广东省城市技师学院教师
周智强	重庆五一技师学院教师